Christine Steinke-Beck

AF186394

Hunde
natürlich heilen

Inhalt

Hier finden Sie alphabetisch sortiert alle wichtigen
Hundekrankheiten, von Abszess bis Zahnfleischentzündung.

Vorwort

Für viele Menschen ist der Gang zum Heilpraktiker oder naturheilkundlich tätigen Arzt längst fester Bestandteil im Umgang mit Krankheit oder Vorsorge. Viele Therapien wie die Akupunktur oder homöopathische Behandlungen sind inzwischen in der Humanmedizin sogar fest etabliert. Immer mehr Hundebesitzer wünschen deshalb auch für ihr Tier eine „sanfte" Behandlungsmethode. In meiner Praxis mache ich häufig die Erfahrung, dass bei der Kombination von „Schulmedizin" mit einem geeigneten Naturheilverfahren auch scheinbar „hoffnungslose" Fälle mit Erfolg therapiert werden können.

Aber keine Therapieform wird bei allen Tieren und Erkrankungen gleich erfolgreich sein. Was bei einem Tier wirksam ist, kann beim anderen keinerlei Reaktion bewirken. Deshalb ist es wichtig, unter verschiedenen Heilmethoden die richtige Therapie zu finden. Das Buch soll daher einen Einblick in die unterschiedlichen Naturheilverfahren geben und aufzeigen, welche Möglichkeiten jeder Hundehalter hat, seinem Hund im Krankheitsfall zu helfen, sowie vielleicht auch den ein oder anderen Kollegen oder Tierarzt zur Erweiterung seiner Therapien animieren.

Ich möchte den interessierten Hundebesitzer aber dringend darauf hinweisen, dass dieses Buch den Gang zum Tierarzt und/oder Tierheilpraktiker nicht ersetzen kann. Bei Unsicherheiten in der Diagnose und schweren Erkrankungen muss unbedingt ein Fachmann aufgesucht werden. Zudem ist gerade die ganzheitliche Therapie eine echte Heil-Kunst und oftmals wird nur durch viel Wissen und Erfahrung eines Therapeuten der richtige Weg gefunden. Da dieses Buch in erster Linie für den Hundebesitzer gedacht ist, der einen Einstieg in die Behandlung mit Naturheilverfahren sucht, fehlen bewusst Erkrankungen, bei denen eine genaue diagnostische, tierärztliche oder therapeutische Intervention unumgänglich ist.

Ich wünsche mir, dass viele Hunde von den verschiedenen Naturheilverfahren profitieren können und Frauchen und Herrchen eine glückliche, aktive und gesunde Zeit mit ihrem vierbeinigen Liebling verbringen dürfen.

Christine Steinke-Beck

Gesunder Hund?!

„Natürlich kann man ohne Hund leben – es lohnt sich aber nicht."
Dieses Zitat von Heinz Rühmann spricht wohl den meisten Hundebesitzern
aus der Seele. Viele werden bestätigen, dass ein Leben ohne Hund einfach
irgendwie nicht „komplett" ist. Ob als Familienmitglied, Spielgefährte, ständiger Begleiter, als „Hund mit Job" wie Jagd- oder Blindenhund oder einfach
nur als Freund fürs Leben – Hunde sind eine Bereicherung.
Damit wir Hundebesitzer aber auch für den Hund eine Bereicherung sind,
reicht es nicht aus, ihm täglich Futter hinzustellen und Gassi zu gehen. Wir
müssen uns um all seine Bedürfnisse kümmern und dafür sorgen, dass er
sowohl physisch als auch psychisch gesund bleibt. Je mehr wir über die
Bedürfnisse unseres Tieres wissen, desto eher können wir unserem Schützling ein langes und glückliches Hundeleben ermöglichen. Zur richtigen Für-
sorge gehören neben Impfungen und Entwurmungen aber auch regelmäßi-
ge Vorsorgeuntersuchungen, um Probleme und Krankheiten möglichst früh
erkennen zu können. Auch die richtige Ernährung kann helfen, Probleme zu
vermeiden.
Ganz wichtig ist vor allem, dass Sie sich bereits vor der Hundeanschaffung
darüber im Klaren sind, welcher Hund am besten zu Ihnen und zu Ihrer
Familie passt! Eine Dogge im 3. Stock oder ein quirliger Terrier bei voller
Berufstätigkeit ist sicher keine gute Entscheidung. In meiner Praxis tauchen
immer mehr Hunde auf, die aufgrund ungeeigneter Lebensumstände krank
werden. Das reicht vom unterforderten und gelangweilten Hund, der sich
die Pfoten wund und blutig beißt, bis hin zum völlig überforderten Hund,
der mit Reizdarm und Magengeschwüren auf seinen Alltag reagiert!
Auch viele der Verhaltensauffälligkeiten sind ein Resultat von nicht stimmi-
gen Hund-Mensch-Beziehungen. Zu diesem Thema mehr im Kapitel Verhaltensprobleme auf Seite 89ff.

▷ Gesunder-Hund-Check

Um eine Erkrankung des Tieres feststellen zu können, sollten Sie die „nor-
malen" Körperfunktionswerte Ihres Schützlings kennen. Alle Abweichungen
davon können Anzeichen für eine Erkrankung sein. Im Idealfall messen Sie
die Werte ihres Lieblings regelmäßig und im gesunden Zustand, damit Sie
Abweichungen von der Norm besser erkennen können.

Temperatur:
Kleine Rassen und Welpen: 38,5 °C bis 39,5 °C
Große Rassen: 37,5 °C bis 39 °C

Wichtig: Fiebermessen sollte in absoluter Ruhe und nicht direkt nach körperlichen Aktivitäten erfolgen.

Puls:
Kleine Rassen und Welpen: 80 bis 130 Schläge pro Minute
Große Rassen: 70 bis 80 Schläge pro Minute

Tipp: Den Puls messen Sie am besten an der Innenseite des Oberschenkels. Die Arterie lässt sich dort leicht tasten.

Atemfrequenz:
Kleine Rassen und Welpen: 20 bis 50 Atemzüge pro Minute
Große Rassen: 10 bis 30 Atemzüge pro Minute

Tipp: Ein Heben und ein Senken des Brustkorbs werden zusammen als Atemzug bezeichnet. Zur Ermittlung der Atemzüge einfach die Hand auf den Brustkorb des Hundes legen.

Zur Überprüfung der physiologischen Daten gehört auch immer ein Blick in die Augen und ins Maul. Die **Augen** sollten klar sein, eine Verfärbung kann auf eine Erkrankung hindeuten: hinter einer Rötung könnte eine Entzündung stecken, eine Gelbfärbung könnte auf eine Lebererkrankung hinweisen. Die **Maul-Schleimhaut** sollte ein dunkles Rosé aufweisen. Blasse Schleimhäute oder dunkelrote Färbung deuten darauf hin, dass etwas nicht stimmt. Sicherlich nicht die angenehmste Sache der Welt, aber absolut notwendig, ist auch ein gelegentlicher genauer Blick auf die **Ausscheidungen** Ihres Tieres. Viele Halter können in der Sprechstunde die Frage nach Beschaffenheit und Farbe des Kotes ihres Hundes nicht beantworten. Dabei ist gerade das oft ein ganz wichtiger Punkt bei der Diagnostik. Die Exkremente sollten geformt und von einem gleichmäßigen Braun sein. Bei Schleimbeimengungen, senffarbenem oder grauem Kot oder bei übermäßig viel Kot sollte ebenfalls ein Fachmann aufgesucht werden. Der **Urin** sollte gelblich bis klar sein. Eine Verfärbung ins Braune oder sogar rote Blutbeimengungen müssen abgeklärt werden.

▷ Ernährung und Nahrungsergänzung

Die Ernährung stellt eine ganz wichtige Komponente für die Gesundheit Ihres Tieres dar. Dosenfutter, Trockenfutter oder selbst kochen? Und welche Marke aus dem inzwischen fast unüberschaubaren Angebot ist die richtige für Ihren Hund?

Leider gibt es kein Patentrezept, aber es gilt auch für den Hund die bekannte Weisheit: Man ist, was man isst! Gerade heutzutage ist eine Kontrolle der Inhaltsstoffe fast schon Gesundheitsvorsorge! Umso mehr, da die Zahl der Hunde, die an Futtermittel-Allergien und Diabetes erkranken, stetig und in bedenklichen Maßen zunimmt.

Fellveränderungen, Juckreiz und Verdauungsprobleme können auf eine falsche Ernährung hinweisen. Sie müssen nicht immer Ausdruck einer Erkrankung sein, sondern sind ganz häufig die Folge von falschem oder mangelhaftem Futter.

Der Hund ist ein Fleischfresser, genauer gesagt ein **Beutefresser**. Dabei wird die Beute bis auf wenige schwer- oder unverdauliche Bestandteile beinahe komplett gefressen. So deckt der Hund zum Beispiel seinen Bedarf an Calcium aus den Knochen, Natrium aus dem Blut und wasserlösliche Vitamine aus dem Darm und Darminhalt des Beutetieres. Zudem sind die unverdaulichen pflanzlichen Bestandteile aus dem Darminhalt für die Funktion des Verdauungsapparates unseres Hundes unentbehrlich.

Achten Sie bei der Ernährung Ihres Hundes unbedingt darauf, dass der Fleischanteil ausreichend hoch (mindestens 60 %) und möglichst frei von Zusatzstoffen ist. Im Idealfall haben alle Bestandteile des Futters Lebensmittelqualität, sind also für den menschlichen Verzehr freigegeben. Nur dann können Sie sicher sein, dass keine bedenklichen Produkte im Futter enthalten sind.

Fertigfutter in Form von Dosen oder Trockenfutter ist natürlich praktisch, aber leider nicht immer gesund. Häufig sind im Futter chemische Substanzen wie Konservierungsstoffe, Farbstoffe oder Lockmittel enthalten. Diese Stoffe können Allergien auslösen und unter Umständen den Stoffwechsel negativ beeinflussen. Auch die Menge der zugesetzten Vitamine und Mineralstoffe ist zu beachten.

Selbst kochen oder das sogenannte Barfen (Rohfleischfütterung) ist, korrekt durchgeführt, eine hochwertige, aber auch sehr zeitaufwendige Ernährung und für viele Halter nicht zu leisten. Sollten Sie aber die Zeit dazu haben, dann lassen Sie sich bitte unbedingt vorab bei Ihrem Therapeuten eine

Ernährungsberatung geben und eine **Bedarfsermittlung** durchführen. Leider ist diese Art der Ernährung nicht für alle Hunde und Hunderassen geeignet. Deshalb bitte erst die Beratung, dann die Umstellung.

Wenn Sie bei Ihrem Hund bereits im Welpenalter auf die richtige Zusammensetzung und das richtige Verhältnis von Mineralstoffen und Proteinen achten, ersparen Sie häufig dem erwachsenen Hund Probleme mit dem Bewegungsapparat oder dem Verdauungstrakt.

Leider wird die ausreichende Gabe von **essenziellen Fettsäuren** oft unterschätzt! Sicher ist Ihnen bekannt, dass bestimmte Nahrungsmittel nur unter Gabe von Fettsäuren aufgespalten werden können. Ein Beispiel ist die von Mensch und Tier so geliebte Karotte! Als Rohkost gerne geknabbert, können leider ohne die Zugabe von Öl die gewünschten Vitamine vom Körper nicht verwertet werden.

In hochwertigem Hundefutter sind essenzielle Fettsäuren meist enthalten, aber gerade bei Hautproblemen, Fellproblemen und Erkrankungen des Stoffwechsel sollte das Futter immer mit einem hochwertigen Öl aufgewertet werden. Im Fachhandel und bei Ihrem Therapeuten erhalten Sie inzwischen eine ganze Palette an speziell auf die Bedürfnisse beziehungsweise Erkrankungen abgestimmten Ölen.

Bei der Suche nach dem richtigen Futter stehen Ihnen die meisten Tierärzte und Therapeuten gerne zur Seite und helfen Ihnen dabei, die Ernährung Ihres Tieres zu optimieren.

Bitte beachten Sie aber bei einem Wechsel des Futters, dass die Umstellung langsam und im Idealfall sogar in Verbindung mit einer Darmaktivierung durchgeführt werden soll. Ständiges Wechseln von verschiedenen Futtermitteln stellt für unsere Hunde eine unglaubliche Belastung für den Stoffwechsel dar und führt dazu, dass die ernährungsbedingten Erkrankungen wie Leber- oder Nierenerkrankungen, Magen- und Darmprobleme, Diabetes und Allergien so häufig auftreten. Der Hund benötigt diese Abwechslung auf dem Speisplan nicht – sie schadet ihm!

Tipp: Futterumstellungen sollten langsam erfolgen und bestenfalls in Verbindung mit einer Darmaktivierung durchgeführt werden.

Ganz wichtig ist die passende Ernährung bei Hunden, die zum Beispiel an Diabetes, Nierenerkrankungen, Übergewicht oder Bauchspeicheldrüsenerkrankungen leiden. Auch Allergiker benötigen eine abgestimmte Ernährung. Zudem ist das richtige Futter in Bezug auf Bestandteile und Nährwerte auch rasseabhängig. Ein kleiner quirliger Terrier benötigt natürlich ein anderes Futter als ein großer gemütlicher Bernhardiner.

Fatal für den Hund ist der neueste Trend: Vegetarische Ernährung! Für mich ist es nicht nachvollziehbar, wie man auf diese Idee kommen kann. Der Hund ist kein Vegetarier und auf einen hohen Eiweißanteil angewiesen. Bei ausschließlich vegetarischer Ernährung oder nur niedrigem Fleischanteil wird der Hund durch Mineralstoff- und Enzymmangel massive Probleme bekommen.

Häufig zeigen Hunde aber auch trotz guter Ernährung Symptome, die auf einen Mangel hinweisen. **Nahrungsergänzungsmittel**, die meist aus Mineralien, Vitaminen und Kräutern bestehen, können in solchen Fällen indiziert sein. Auch hier ist Ihr Tierheilpraktiker oder Tierarzt der richtige Ansprechpartner, da es inzwischen eine schier unüberschaubare Palette an angeblich wichtigen Nahrungsergänzungen gibt. Denn: Auch ein Zuviel an Vitaminen, Mineralien und Kräutern kann Ihrem Liebling große Probleme bereiten.

▷ Vorsorge

Einmal im Jahr sollten Sie Ihr Tier zur Vorsorgeuntersuchung beim Tierarzt oder Therapeuten vorstellen. Eine Untersuchung „von Kopf bis Pfote" sowie eine Begutachtung des Allgemeinzustandes können helfen, Erkrankungen bereits im Anfangsstadium zu erkennen und somit schweren Erkrankungen vorzubeugen. Leider werden die meisten Tiere erst bei ausgeprägten Symptomen vorgestellt, was die Therapie natürlich erschwert. Akute Geschehen sind im Allgemeinen besser zu behandeln als bereits chronische Krankheiten. Vor Operationen oder wenn ein Hund empfindlich auf Impfung und Entwurmung reagiert, empfiehlt sich ein vorsorglicher Besuch beim Tierheilpraktiker. Ein intaktes Immunsystem und ein ausgeglichener Stoffwechsel verkraften Operationen oder Immunsystem-belastende Behandlungen natürlich viel besser als ein bereits geschwächter Organismus.

Zur Vorsorge gehört auch die **Vorbeugung gegen Parasiten** wie Flöhe oder Zecken und zweimal jährlich eine **Kot-Untersuchung**. Die meisten Hunde werden oft ein- bis viermal jährlich auf Verdacht mit einer chemischen Wurmkur behandelt, die die Darmflora beeinträchtigt. Oftmals völlig sinnlos, weil der Hund gar keine Würmer hat. Hier sollte zunächst der Kot untersucht werden und dann mit einem geeigneten Mittel entwurmt werden – sofern es nötig ist. Inzwischen gibt es auch geeignete Entwurmungsmittel, die die Darmflora nicht schädigen, und für die Parasitenabwehr zahlreiche biologische Mittel ohne chemische Substanzen, die dem Hund schaden können. Da jedes Tier anders reagiert, gibt es leider kein Patentrezept, das bei allen Hunden wirkt. Hier steht Ihnen aber Ihr Tierheilpraktiker beratend zur Seite und wird versuchen, die wirksamen Mittel für Ihr Tier zu finden.

> **Tipp:** Zur jährlichen Vorsorge gehören u.a. ein „Von Kopf bis Pfote"-Check, Parasiten-Vorbeuge, Kot-Untersuchung und Impfungen.

Auch die **regelmäßigen Impfungen** gehören zur Vorsorge, da so die Ansteckung mit verschiedenen Infektionskrankheiten verhindert wird. Hier sollten Sie sich aber unbedingt von Ihrem Tierarzt beraten lassen, welcher Impfstoff und welches Impf-Intervall sinnvoll sind, um eine Überimpfung zu vermeiden. Außerdem sollte vor jeder Impfung der Gesundheitszustand des Hundes genau überprüft werden, da nur ein vollkommen gesunder Hund geimpft werden darf.

▷ Nachsorge

Wie die Vorsorgeuntersuchung gehört natürlich auch die Nachsorge zum „Pflichtprogramm". Gerade bei Operationen des Bewegungsapparates sollte eine Nachsorgebehandlung in Form von **Physiotherapie** nicht fehlen. Bei uns Menschen beispielsweise wird nach einer Hüftoperation immer und ohne jegliche Ausnahme eine Physiotherapie durchgeführt, um den Erfolg der Operation nicht zu gefährden. Auch die Nachsorge der Narbe sollte nicht vernachlässigt werden. Sie finden in diesem Buch unter den Erkrankungen auch wirksame Naturheilverfahren und homöopathische Mittel, die die Heilung beschleunigen und die Nachwirkungen einer Operation mildern können. Zur Nachsorge gehören aber auch die **Nachbehandlung** und der **Aufbau** nach einer vorangegangenen medikamentösen Behandlung. Ob Antibiotika oder chemische Wurmkur: Alle Medikamente hinterlassen unerwünschte Wirkungen im Körper. Damit diese Nachwirkungen keine dauerhaften Schäden hervorrufen und zu einer weiteren Erkrankung führen, sollte immer eine adäquate Nachbehandlung durchgeführt werden.

Nach einer chemischen Wurmkur beispielsweise sollte der Darm aufgebaut werden, um das für das Immunsystem so wichtige Darmbakterienmilieu wieder herzustellen.

▷ Entgiftung und Ausleitung

Leider lassen sich Erkrankungen trotz hervorragender Pflege oft nicht vermeiden. So kann es sein, dass Ihr Schützling sich einer Operation oder medizinischen Behandlung unterziehen muss.

Einige Medikamente wie Antibiotika, Narkosemittel, Schmerzmittel oder Cortison hinterlassen im Körper Spuren, manchmal sogar Schäden. Viele Hundebesitzer kennen den obligatorischen Durchfall während oder nach einer Antibiotikatherapie. Nehmen wir deshalb gleich das Beispiel Antibiotika. Die Wirkstoffe zerstören Bakterien. Aber eben leider nicht nur die krankmachenden, sondern auch für den Körper wichtige Bakterienkulturen wie z. B. Darmbakterien. Gerade die Darmbakterien sind aber die Grundlage für ein intaktes Immunsystem. Deshalb sollte nach jeder Antibiotikatherapie, die sich ja leider nicht immer umgehen lässt, eine **Darmsanierung** durchgeführt werden. Eine Darmsanierung wird je nach Allgemeinzustand des Tieres entweder in Verbindung mit einer Entgiftung oder bei geschwächten Tieren ausschließlich mit einem Aufbau der Darmbakterienkultur durchgeführt. Letzteres können Sie selbst durchführen, indem Sie sich beim Tierarzt oder Tierheilpraktiker sogenannte Probiotika mit aktiven Darmbakterien für Hunde besorgen.

Ist der Stoffwechsel des Tieres aber sichtlich gestört, sollte eine sogenannte Entgiftung oder Ausleitung durchgeführt werden. Hierbei wird unter ganzheitlichen Gesichtspunkten der Körper von belastenden Stoffen befreit und der Stoffwechsel aktiviert. Dies kann sowohl mittels Akkupunktur als auch mit klassischer Homöopathie, Pflanzenheilkunde, Magnetfeldtherapie, Blutegeltherapie oder über Nahrungsergänzungsmittel erfolgen.

> **Wichtig:** Eine komplette Entgiftung und Ausleitung gehört in die Hände eines erfahrenen Therapeuten, da nicht jede Therapie für jeden Hund geeignet ist.

Eine Ausleitung, die Sie als Hundebesitzer selbst durchführen können, ist mit Komplexmitteln möglich, da mit diesen Mitteln keine Erstreaktion oder starke Entgiftung zu befürchten ist. Die Dosierung finden Sie im Kapitel Komplexmittel auf Seite 19.

- **Bei Leberproblemen oder nach Medikamentengaben (Antibiotika, Narkose-, Schmerzmittel):** Hepar compositum; über 6 Wochen lang 2x pro Woche, wahlweise als Ampulle oder Tabletten.

- Bei Nierenproblemen und zur Unterstützung der Nierenfunktion: Solidago compositum; ebenfalls über 6 Wochen 2x pro Woche, wahlweise als Ampulle oder Tabletten.
- Nach langen Erkrankungen oder großen Operationen hat sich eine Zellsäuberung in Verbindung mit einer Bindegewebsreinigung bestens bewährt. Hier vor allem beim älteren Hund sowie Hunden, die zu Übergewicht oder Schwellungen neigen: Galium-Heel zur Zellsäuberung und Lymphomyosot zur Bindegewebsreinigung und zum Abtransport von Schlacken; als Kur 2x täglich über 2 bis 6 Wochen, je nach Schwere der Belastung.

Ausgewählte Naturheilverfahren

Im folgenden Kapitel stelle ich Ihnen einige Naturheilverfahren kurz vor. Da jeder Organismus individuell auf Erkrankungen reagiert, sollte im Idealfall auch eine ganz individuelle Therapie erfolgen. Manchmal ist es sogar für den Verlauf der Heilung am besten, wenn mehrere Therapieverfahren miteinander verknüpft werden. Manche Naturheilverfahren eignen sich aber nicht nur zur Behandlung von Erkrankungen, sondern vor allem zur Vorsorge und Vorbeugung, damit erst gar keine Probleme entstehen.

▷ Klassische Homöopathie

Samuel Hahnemann begründete bereits im 18. Jahrhundert mit seinem Prinzip *„Similia similibus curentur"* (Ähnliches werde mit Ähnlichem geheilt) die Homöopathie. Er erfasste bei seinen Forschungen die heilende Wirkung bestimmter Pflanzen, Metalle, Mineralien oder auch Giften. Hahnemann fand heraus, dass eine eingenommene Substanz in einem gesunden Körper bestimmte Symptome hervorrufen kann, die beim Absetzen wieder verschwinden. Dieselbe Substanz kann jedoch bei einem Kranken in potenzierter (verdünnter) Form exakt diese Krankheitssymptome heilen. Verblüffend war, dass die positive Wirkung sich steigert, je größer die Verdünnung ist.

> **Beispiel Apis** – Bienengift. Der Stich einer Biene verursacht bestimmte Symptome, wie etwa eine Schwellung. Gibt man Apis in homöopathisch verdünnter Form als Heilmittel, so wird es genau dieses Symptom heilen.

Nach diesem Ähnlichkeitsprinzip hat Samuel Hahnemann unzählige Patienten geheilt und den Weg der Homöopathie in fast alle Länder dieser Welt begründet. Diese homöopathischen Mittel werden meist in Form von Streukügelchen (Globuli), Tabletten, Ampullen oder Tropfen verabreicht. Die Grundsätze der Homöopathie sind das **Ähnlichkeitsprinzip**, die **Prüfung am Gesunden** und die **Potenzierung** (Verdünnung der Substanzen). Um zu wissen, welches Mittel eingesetzt werden kann, müssen die Symptome eines Patienten mit dem Arzneimittelbild (das ist die gesamte Symptomenreihe, die dieses Mittel beim gesunden Organismus hervorruft) abgeglichen werden. Diese sogenannte Repertorisation wird von klassisch arbeitenden Therapeuten erarbeitet. So findet man das individuell passende Mittel. Bei einzelnen Symptomen wird man auf bewährte Mittel zurückgreifen können, bei chronischen oder schweren Erkrankungen mit vielen verschiedenen Symptomen wird sich aber der Gang zum Tierheilpraktiker nicht umgehen lassen.

Einer der größten Vorteile der klassischen Homöopathie im Vergleich zu schulmedizinischen Therapien ist sicherlich zum einen die **nebenwirkungsfreie Behandlung** und zum anderen die **schnelle Wirksamkeit** gerade bei akuten Geschehen. Die meisten der häufig vorkommenden akuten leichten Erkrankungen wie Durchfall, Halsschmerzen, Fieber oder kleine Verletzungen lassen sich mit einer gut sortierten homöopathischen Hausapotheke schnell und problemlos selbst therapieren. In diesem Buch nenne ich ausschließlich Einzelmittel, die sich in der Vergangenheit bei Hunden bereits positiv bewährt haben. Dazu aber im Kapitel „Erkrankungen" mehr.

Dosierung und Potenz richten sich nach der Art der Erkrankung! So gibt man bei akuten Erkrankungen niedrige Potenzen bis D12, bei chronischen Geschehen hohe Potenzen ab D30.

Dosierung bei akuten Problemen:
3x täglich 5 Globuli.
Dosierung bei chronischen Erkrankungen:
1x täglich 5 Globuli.

▷ Konstitutionsmittel

Ich möchte an dieser Stelle auch auf die sogenannten **Konstitutionsmittel** hinweisen. Als Konstitutionsmittel werden homöopathische Mittel bezeichnet, die sich bei einer Vielzahl von Erkrankungen bewährt haben und die immer die typischen Verhaltens- und Körpermerkmale zeigen. Gerade bei chronisch kranken Hunden oder bei ständig wechselnden Erkrankungen benötigt man ein tiefgreifendes homöopathisches Mittel, das den Hund in seiner gesamten Symptomatik wahrnimmt. Der Hund wird komplett erfasst – vom Verhalten über Körperbau bis hin zu organbezogenen Symptomen – um den Konstitutionstyp zu ermitteln. Konstitutionsmittel können – richtig gewählt – in der Lage sein, den Hund zu heilen.

Die **Dosierung** bei den Konstitutionsmitteln richtet sich danach, ob sie einen chronisch erkrankten Hund umstimmen wollen oder ein akutes Geschehen behandeln. Im **Akutfall** verabreicht man das Konstitutionsmittel als D6 2x täglich 5 Globuli über 2 Wochen. Die Gabe kann sich bei hartnäckigen Problemen auf bis zu 6 Wochen belaufen. Bei **chronischen Erkrankungen** wird man es mit D30 1x pro Woche 5 Globuli oder D200 einmalig 5 Globuli versuchen. Möchte man vor allem auf die Psyche des Tieres Einfluss nehmen, sollte man mit Hochpotenzen, also LM-Potenzen arbeiten. Bitte holen Sie sich hierzu aber vorher den Rat eines Tierheilpraktikers oder kundigen Tierarztes ein.

Hier ein Überblick über die wichtigsten Konstitutionsmittel:

Arsenicum album
- Nervöse, magere und kraftlose Tiere, die Wärme lieben.
- Häufiger Durst, getrunken wird aber immer nur eine kleine Menge.
- Nächtliche Unruhe, meist um Mitternacht.
- Sehr wählerischer Fresser, frisst nur kleine Mengen auf einmal.
- Ekzeme mit ausgeprägtem Juckreiz.
- Schuppende Ekzeme.
- Dünnes, fettiges Fell.
- Hund riecht muffelig trotz ausgeprägter Sauberkeit.
- Brechdurchfall, Durchfall und Nierenprobleme, besonders nach ungeeignetem oder verdorbenem Futter.

Calcium carbonicum
- Grobknochiger Hund mit großem Kopf, Senkrücken bzw. Hängebauch, dies auch bereits im Welpenalter.
- Dicke Haut.
- Verträgt keine Milch.
- Frisst auffällig gerne Erde und Lehm und knabbert ausgiebig und leidenschaftlich an Holz.
- Neigt zu Ekzemen/Ausschlag an Bauch und Schenkeln, die auf eine Kontaktallergie zurückzuführen sind.
- Bereits und vor allem im Wachstum Probleme mit den Gelenken und dem Knochenbau/Probleme mit dem Kalkstoffwechsel.
- Hund wächst zu schnell.
- Als erwachsenes Tier ist der Calcium carbonicum-Hund ein gutmütiger Hund, der zur leichten Sturheit neigt und zuverlässig ist, aber niemals Höchstleistungen erbringt.

Calcium fluoratum
- Ängstlicher, unruhiger, hektisch wirkender Hund.
- Schwaches Bindegewebe.
- Schwache Bänder, Sehnen und Gelenke.
- Leichter Körperbau.
- Als Welpe unkonzentriert und schreckhaft.
- Stumpfes Fell.
- Schlechte Wundheilung.

- Der alte Calcium-fluoratum-Hund hat einen ausgeprägten Senkrücken und läuft häufig auf der ganzen Zehe (normal wären die Zehenspitzen).

Calcium phosphoricum
- Schlanker, feingliedriger Körperbau.
- Fell glänzt meist und das Bindegewebe ist straff.
- Als Welpe sehr verspielt, knabbert alles an.
- Sehr lernbegierig und intelligent, langweilt sich aber schnell.
- Junge Rüden neigen zu ausgeprägt selbstbewusstem und flegelhaftem Verhalten.
- Fröhlicher, temperamentvoller Hund.
- Häufige Erkältungen und Blasenentzündungen.

Graphites
- Fettleibiger, gefräßiger und schwerfälliger Hund.
- Meist sehr gutmütig.
- Fettige Haut mit ausgeprägten Liegeschwielen.
- Verabscheut das Baden, obwohl er es oft nötig hat.
- Neigt zur Verstopfung.
- Hat an den Körperöffnungen häufig rissige oder schmierige Hautstellen (Augen, Ohren, Lefzen, After).
- Ekzeme mit typisch gelblich-honigartigem Sekret.
- Häufig verstopfte Analdrüsen.
- Häufige Ohrprobleme mit honigartigem Sekret.
- Alle Symptome verschlimmern sich durch Kälte.

Lycopodium
- Magerer Hund mit häufig aufgetriebenem Bauch und Blähungen.
- Launisch, eigenwillig und neigt oberflächlich betrachtet zur Dominanz.
- Krankheitsanfällig mit immer wiederkehrenden, wechselnden Problemen.
- Alle Erkrankungen lassen sich schwer behandeln.
- Neigung zu Durchfällen, Lebererkrankungen und Nieren-/Blasenproblemen (Steine/Gries).
- Hat Heißhunger, ist aber nach wenigen Bissen satt.
- Meidet Wasser und Regenwetter, liebt Wärme.

Natrium muriaticum
- Schlanker, sehr leistungsstarker und leistungswilliger Hund.
- Eigenwillig, aber sehr sensibel, verliert sein Herz meist an nur eine einzige Person oder Artgenossen, bei Verlust ausgiebige Trauer mit gesundheitlichen Problemen.

- Oft aggressiv gegen Artgenossen, Rudelhaltung bringt Probleme.
- Trockene Haut, stumpfes Fell.
- Liebt alles, was salzig ist.
- Nahrungsmittelunverträglichkeiten.
- Neigt zu Hauterkrankungen mit trockenen Ekzemen.
- Verdauungsstörungen.

Nux vomica
- Typmittel für Hunde mit ständigen Verdauungsstörungen.
- Chronischer Durchfall, Erbrechen, Koliken.
- Leicht erregbarer Hund, überempfindlich auf äußere Reize.
- Setzt mit viel Charme seinen Willen durch.
- Extrem wachsam, neigt zum Macho und wirkt eifersüchtig.
- Große Affinität zum Nervensystem: Verspannungen, Bandscheibenvorfall, ausgeprägt schmerzempfindlich, Probleme vor allem im Wirbelsäulenbereich.
- Nässe und Kälte wird nicht vertragen.

Phosphorus
- Schlanker, hochgeschossener, feingliedriger Hund mit hellem Fell und dünnhäutig.
- Auffallend weiches, seidiges und feines Fell.
- Hochsensibel, lebhaft, nervös.
- Häufig sehr empfindlich auf Geräusche, Gewitterangst.
- Hochleistungshund, wenn er eine ruhige und konsequente Erziehung hat, ansonsten kann leicht ein hektischer Hund oder Angstbeißer aus ihm werden.
- Schwanzjagen.
- Spielen und Toben ausgeprägt, findet kein Ende.
- Liebt Wasser.
- Durchfall nach Aufregung oder Schreck.
- Tendenz zur Rachitis, gestörte Knochenbildung.
- Husten, der in kalter Luft deutlich schlimmer wird.
- Trinkt große Mengen.

Pulsatilla
- Meist weibliche, freundliche, gutmütige und sehr verschmuste Tiere.
- Eher kräftiger Körperbau, neigt zu Übergewicht.
- Scheinträchtigkeiten, Probleme im Zyklus, neigt zu Gebärmutterentzündung.
- Verträgt kein Fett (Durchfall) und trinkt auffallend wenig.

- Entzündungen der Schleimhäute mit rahmartigem, mildem Sekret.
- Häufige Ohrentzündungen mit rahmigem Sekret.
- Mag es eher kühler als warm.

Sepia
- Vor allem weibliche Hunde mit großen und kräftigen Knochen.
- Im Alter auffallend schlaffes Bindegewebe mit Hängebauch und schlaffen Zitzen.
- „Zickig" während der Läufigkeit.
- Strenge und schnell entnervte Mutter, säugt nicht gerne.
- Scheidenbakterien, schlechte Aufnahme.
- Haarausfall.
- Harninkontinenz im Alter.
- Kälte und Nässe verschlimmern alle Symptome.

Silicea
- Kleiner, zarter und zierlicher Hund.
- Ängstlich und empfindlich.
- Schwache Bänder und Gelenke.
- Patella-Luxation.
- Feines, zartes Fell.
- Anfällige Gesundheit.
- Chronische Fistelbildung.
- Ekzeme, die sehr hartnäckig sind und immer wiederkommen.
- Juckreiz.
- Tendenz zu Allergien und Futterunverträglichkeit.
- Benötigt Wärme, um sich gut zu fühlen.

Sulfur
- Kräftiger und robuster Hund.
- Trockene, schuppige Haut mit fettigem Fell.
- Intensiver Geruch.
- Gutmütig, aber stur, entwickelt gerne Unarten.
- Verabscheut jegliche Form von Körperpflege.
- Guter Fresser, frisst aber leider auch jegliche Art von Dreck, Kot, Kompost usw., worauf er mit Durchfall reagiert.
- Lebererkrankungen mit gelblichem Durchfall, wenn gleichzeitig Hautprobleme bestehen.
- Ekzeme aller Art mit Juckreiz.
- Verzögerter Fellwechsel, bei dem sich die Unterwolle nicht löst.
- Körperöffnungen häufig gerötet.

- Als Reaktionsmittel bei chronischen, festgefahrenen Erkrankungen.
- Mag keine Wärme, fühlt sich draußen am wohlsten.

> **Achtung:** Bei akuten Hautproblemen kann Sulfur in niedriger Potenz eine mächtige Erstverschlimmerung auslösen.

▷ Komplexmittel

Komplexmittel setzen sich aus mehreren homöopathischen Einzelmitteln zusammen und decken so eine Vielzahl an Symptomen ab. Gerade für den homöopathischen Laien stellen diese Mittel eine gute Alternative zur aufwändigeren Einzelmittelsuche dar. Viele klassisch arbeitende Homöopathen kritisieren oft diese Methode, doch gerade in der Behandlung von Tieren haben sich diese Mittel bestens bewährt. Ich halte es da mit der Regel: „Wer heilt – hat recht."

Da bei Hunden manchmal nur sehr schwer die homöopathisch so wichtigen Gemütssymptome wie „tiefe Verzweiflung" oder „Kummer" eindeutig zuzuordnen sind, oder sich Modalitäten wie beispielsweise „Verbesserung durch Kälte" oder „Verschlechterung durch fette Speisen" herausfinden lassen, bietet sich die Behandlung mit Komplexmitteln geradezu an. Ein weiterer Vorteil ist, dass bei Komplexmitteln auch keine Erstreaktion, wie bei der klassischen Einzelmittel-Homöopathie möglich, hervorgerufen wird. Bei manchen Einzelmitteln ist es auch noch gar nicht sicher, wie sich das Mittel beim Hund auswirkt. Auf diesem Gebiet wird derzeit sehr viel geforscht. Mit Komplexmitteln sind Sie aber auf der sicheren Seite.

Dosierung bei akuten Beschwerden:
- Kleiner Hund: 2- bis 3x täglich 1 Tablette oder 7 Tropfen.
- Mittelgroßer Hund: 2- bis 3x täglich 2 Tabletten oder 10 Tropfen.
- Großer Hund: 2- bis 3x täglich 3 Tabletten oder 12 Tropfen.

Dosierung bei chronischen Geschehen:
Abhängig von der Erkrankung: von 1x täglich bis 1x wöchentlich über einen längeren Zeitraum – fragen Sie Ihren Tierheilpraktiker.

Viele Komplexmittel erhalten Sie auch oder sogar nur als Ampullen. Diese Ampullen können natürlich oral verabreicht werden!

Dosierung bei Injeelen und Ampullen – wenn nicht anders angegeben:
- Kleiner Hund: 1 ml pro Tag.
- Mittelgroßer Hund: 2 ml pro Tag.
- Großer Hund: 4 ml pro Tag.

▷ Schüßler-Salze

Mensch und Tier bestehen aus zwei Haupt-Körperbestandteilen: die organischen, wie zum Beispiel Fette und Eiweiße, und die anorganischen, hauptsächlich in Wasser gelöste Mineralsalze.

Dr. Wilhelm Heinrich Schüßler vertrat nach jahrelanger Forschungsarbeit die Ansicht, dass Krankheiten durch ein Ungleichgewicht der im Körper vorkommenden Mineralsalze entstehen. Dank der biochemischen Forschung weiß man heute um die insgesamt **24 Mineralstoffe**, die im Körper vorkommen, und dass einige Erkrankungen durch die Verabreichung dieser Mineralsalze in potenzierter Form geheilt oder zumindest gelindert werden können.

Gerade bei **Erkrankungen des Bewegungsapparates** oder **Erkrankungen der Haut** ist die Therapie mit Schüßler-Salzen eine Bereicherung. Auch **Entzündungen**, **eitrige Prozesse** oder sogar **Nierenprobleme** lassen sich mit Schüßler-Salzen hervorragend unterstützen.

Zudem lassen sich die Schüßler-Salz-Tabletten gut in ein wenig Wasser auflösen und eingeben oder zerkleinert als Pulver über das Futter verabreichen. So ist gerade bei chronischen Erkrankungen die Gabe von Schüßler-Salzen über einen längeren Zeitraum auch bei mäkeligen Hunden kein Problem.

Die Salze sind in der Verdünnung D6 oder D12 erhältlich. Ein Tierarzneimittelhersteller hat nun sogar Schüßler-Salze in flüssiger Form in seinem Sortiment. Durch den Alkoholanteil sollten diese Tropfen aber bei empfindlichen Hunden immer mit Wasser verdünnt verabreicht werden.

Dosierung der Schüßler-Tabletten:
- Kleiner Hund: 3x täglich 1 Tablette.
- Großer Hund: 3x täglich 2 Tabletten.

In akuten Fällen kann jede halbe Stunde eine Dosis verabreicht werden! Nachfolgend finden Sie eine Übersicht der zwölf wichtigsten Schüßler-Mineralstoffe mit den wichtigsten Indikationen für Hunde:

1 Calcium fluoratum D12	Schwache, ängstliche Tiere mit Gelenk-Sehnen-Bänderproblemen, unterernährte Tiere, oft mit eingefallenem Bauch. Für Elastizität und Festigkeit von Knochen und Gewebe. Zahnschmelz-Aufbau. Schlittenfahren durch wundmachenden Durchfall. Frische Verletzungen, nässende Ekzeme.
2 Calcium phosphoricum D6	Nervöse Tiere, schnell gewachsen, zartgliedrig. Zum Aufbau der Knochensubstanz, Wachstumsphase.
3 Ferrum phosphoricum D12	Überempfindliche, erschöpfte Tiere, leicht erregbar, anfällig für Infektionskrankheiten, nach Blutverlust.
4 Kalium chloratum D6	Träge, immer hungrige und eher übergewichtige Tiere. Bei Entzündungen mit Absonderung, zähem Schleim. Drüsenmittel.
5 Kalium phosphoricum D6	Abgemagerte, erschöpfte Tiere. Als Rekonvaleszenzmittel und Antiseptikum. Sehr hilfreich als Begleittherapie bei Atemwegserkrankungen.
6 Kalium sulfuricum D6	Unruhige Tiere. Zur Entgiftung und Unterstützung bei chronischen Erkrankungen.
7 Magnesium phosphoricum D6	Unsichere, überempfindliche Tiere. Zur Unterstützung bei Herzerkrankungen und krampfartigen Schmerzen. Ideales Mittel für Hündinnen kurz vor der Geburt.
8 Natrium chloratum D6	Für erschöpfte und abgemagerte Tiere. Regulierung des Flüssigkeitshaushaltes.

9 Natrium phosphoricum D6	Übergewichtige Tiere mit geschwollenen Gliedmaßen. Zur Regulierung des Säurehaushaltes.
10 Natrium sulfuricum D6	Lebermittel! Zur Unterstützung bei Leberfunktionserkrankungen.
11 Silicea D12	Das Mittel für Jungtiere als Wachstumsunterstützung. Bei Problemen von Haut und Krallen. Bei allen eitrigen Entzündungen.
12 Calcium sulfuricum D6	Für Tiere mit Haut- und Schleimhauterkrankungen. Als Unterstützung bei eitrigen Verletzungen, z.B. Verbrennungen. Nach Parasitenbefall.

▷ Bachblüten

Dr. Edward Bach begründete diese Therapie in den 30er-Jahren des letzten Jahrhunderts. Er fand heraus, dass bestimmte Blüten einen regulierenden Einfluss auf einen negativen Seelen- oder Charakterzustand bei Mensch und Tier haben. Diese 38 Blüten (genau genommen sind es 37 Blüten und das Wasser einer Heilquelle) werden nach der Bach-Methode zu Essenzen oder, besonders für Hunde idealer, zu Globuli verarbeitet. Die Blüten können natürlich miteinander kombiniert werden, allerdings sollten nach Bach nicht mehr als 6 Blüten miteinander gegeben werden.

Eine als besonders wirksam befundene Blütenmischung bei allen gefährlichen und belastenden Situationen, wie in Notfällen oder bei großem Stress, ist die sogenannte First-Aid-Remedy-Mischung – umgangssprachlich als **Notfalltropfen** oder **Rescue-Remedy Tropfen** bekannt. Diese Mischung mit der Nr. 39 hat einen beinahe grenzenlosen Einsatzbereich und gibt es inzwischen auch für empfindliche (die Tropfen enthalten häufig Alkohol) Tiere als Globuli. Sie sollten in jeder Hausapotheke vertreten sein!

Wichtig: Die Notfalltropfen können im Ernstfall alle paar Minuten gegeben werden. Die Gefahr einer Überdosierung gibt es nicht.

Gerade unsere Hunde werden häufig durch Stress, also eine psychische Erschütterung, krank und reagieren oftmals mit Futterverweigerung oder Apathie, manchmal sogar mit schweren Erkrankungen auf diese Situationen. Bachblüten können hier ganz schnell zu einer Regulierung führen. Ängstliche Hunde lassen sich mithilfe von Bachblüten auch recht problemlos an Therapien gegen Angstsituationen heranführen oder bei Gewitterangst unterstützen. Aber auch als Seelentröster bei Verlust des Besitzers, Tierheimaufenthalt etc. haben sich Bachblüten sehr gut bewährt.

Bei allen Erkrankungen kann eine Bachblütentherapie unterstützend eingesetzt werden. Denn keine Erkrankung bleibt ohne Folgen für die Psyche, manchmal ist die Psyche ja sogar der Auslöser. Schmerzen, der Gang zum Tierarzt, Medikamenteneingaben – dies alles sind für unsere Hunde bereits psychische Ausnahmezustände und bedürfen einer Hilfestellung. Und natürlich können und sollen Bachblüten in der Genesungsphase eingesetzt werden. Bachblüten lassen sich jederzeit mit einer anderen Naturheil- oder einer allopathischen Therapie kombinieren.

Bachblüten sollten allerdings nicht eingesetzt werden, wenn Haltungsfehler, mangelnde Bewegung oder Umgangsfehler die Ursache von psychischen Problemen sind. Hier muss zuerst der Idealzustand hergestellt werden, damit die Blüten Ihre Wirkung entfalten können. Es bringt zum Beispiel sicher nichts, einem einsamen Zwingerhund Bachblüten gegen seine Einsamkeit zu geben!

Häufig empfehle ich meinen Hundebesitzern, die Bachblüten, die ich ihrem Tier verordne, doch auch selbst zu nehmen. Meist spiegeln Hund und Herrchen/Frauchen nämlich die Probleme und es hat sich bewährt, wenn beide Enden der Leine dieselbe Schwingung haben.

Dosierung und Dauer der Anwendung sind abhängig von der Situation. Manchmal reicht schon eine einzige Gabe aus, bei akuten Geschehen können Sie die Blüten aber auch alle paar Minuten geben. Eine längere Einnahme ist meist bei chronischen Prozessen oder manifestierten Auffälligkeiten indiziert. Diese Fälle sollten aber von einem Therapeuten begleitet werden.

> **Tipp:** Im Idealfall geben Sie die Bachblüten direkt auf die Maulschleimhaut. In Notfällen können Sie Tropfen aber auch auf den Kopf träufeln.

Ich empfehle für die Hausapotheke die Bachblütenglobuli für Tiere. Ihr Therapeut/Apotheker kann Ihnen aber immer auch eine Tropfen-Mischung herstellen.

In keinem Fall sind Bachblüten ein Ersatz für einen Tierarzt oder Therapeutenbesuch – auch und gerade bei Verhaltensauffälligkeiten. Hier muss ein Therapieplan unter Einbeziehung der gesamten Umstände erstellt werden. Damit Sie einfach und schnell herausfinden, welche Blüten Ihr Tier benötigt, finden Sie hier einen Überblick über die einzelnen Blüten mit den wichtigsten Indikationen:

1 Agrimony	Tiere erscheinen auf den ersten Blick fröhlich. Im Inneren sind sie aber traurig und haben Probleme. Tun alles, um Ihre Menschen zufriedenzustellen. Begleitend bei Hauterkrankungen, Bandscheibenvorfall, Hautkrankheiten (vor allem idiopathischer Juckreiz).
2 Aspen	Tiere mit Angst vor allen möglichen Dingen. Oft zucken sie häufig im Schlaf und zittern bei den kleinsten Anlässen. Begleitend bei Magen-Darm-Problemen, Reisekrankheit, Appetitlosigkeit.
3 Beech	Diese Hunde sind intolerant, dulden keine anderen Hunde und sind sehr dominant gegenüber Mensch und Tier. Teilweise aggressiv. Begleitend bei Arthrose, Verspannungen, Verdauungsproblemen.
4 Centaury	Tiere, die viel zu gutmütig, willensschwach und unterwürfig sind. Lassen sich leicht beeinflussen. Begleitend bei ständigen Infektionen und Parasitenbefall, Geschwülsten, Nierenproblemen.
5 Cerato	Hunde ohne Selbstvertrauen, sehr unsicher. Folgen selbst fremden Menschen und suchen immer Schutz beim Menschen. Begleitend bei Atembeschwerden, Zahnfleischproblemen, schwachem Immunsystem.

6 Cherry Plum	Panische und aggressive Tiere, die zu Temperamentsausbrüchen neigen. Angstbeißer. Begleitend bei Unsauberkeit, Epilepsie, schweren Verhaltensauffälligkeiten, Unruhezuständen, Nervosität.
7 Chestnut Bud	Diese Hunde lernen sehr langsam und machen immer wieder die gleichen Fehler. Meist sehr nervös und überreizt. Begleitend bei Haarausfall, Infektionen, Unsauberkeit.
8 Chicory	Tiere, die sehr egoistisch und aufdringlich sind. Müssen immer im Mittelpunkt stehen und benötigen sehr viel Aufmerksamkeit. Übermäßiger Schutztrieb und sehr schnell beleidigt. Begleitend bei Durchblutungsstörungen, Lungenproblemen, Gelenkproblemen.
9 Clematis	Diese Hunde sind typische Einzelgänger. Sie sind teilnahmslos, desinteressiert, wirken faul und schlafen viel. Begleitend bei Hunden, die lange eingesperrt waren, Alterserscheinungen, Gehirndurchblutungsstörungen.
10 Crab Apple	Tiere fühlen sich nicht wohl in ihrer Haut und sind dauernd mit ihrer Körperpflege beschäftigt. Sie neigen oft zu zwanghaftem Verhalten (Leckekzem). Begleitend bei Hauterkrankungen, Parasitenbefall, Pilzerkrankungen, Ausfluss, Wunden.
11 Elm	Diese Hunde sind ganz schnell hoffnungslos überfordert. Kleine Veränderungen werfen sie völlig aus der Bahn. Sie wirken schnell kraftlos und erschöpft. Begleitend bei Blasenproblemen, Infektionen, Herzproblemen und in der Geburtsvorbereitung.

12 Gentian	Misstrauische und sehr unsichere Hunde, die häufig schlechte Erfahrungen gemacht haben. Neuem gegenüber sehr vorsichtig. Begleitend bei Magenproblemen, Hauterkrankungen und nach Fehlgeburt.
13 Gorse	Hunde, die sich selbst aufgegeben haben, und apathisch, kraftlos und müde wirken. Manchmal wollen sie nicht mal mehr fressen. Begleitend bei allen schweren Erkrankungen und bei Verlust.
14 Heather	Unsichere, wehleidige, aber lebhafte und übertrieben aufdringliche und anhängliche Hunde. Protestpinkler! Wollen immer im Mittelpunkt stehen. Begleitend bei Verdauungsbeschwerden, Allergien.
15 Holly	Eifersüchtige, sehr nachtragende, häufig aggressive Hunde, die unkontrollierbar reagieren, wenn es nicht nach ihrem Willen geht. Problemhunde, wenn ein Baby oder neuer Partner ins Haus kommt. Begleitend bei Magen-Darm-Erkrankungen und häufigen Entzündungen.
16 Honeysuckle	Bei Tieren, die sich nicht mit einer neuen Situation anfreunden können. Verkraften Veränderungen ganz schlecht. Trauern ausgeprägt mit Winseln und Jaulen (Besitzerwechsel). Typisch bei Hunden, die immer wieder in ihr altes Zuhause laufen oder nicht vom Grab des Herrchens zu vertreiben sind. Begleitend bei Heimweh, Magenproblemen, Hauterkrankungen, Apathie.
17 Hornbeam	Antriebslose Hunde, die keine Lust auf Bewegung haben. Sie wirken müde und kraftlos. Unzufrieden, außer Besuch kommt oder ein Artgenosse ist da. Begleitend bei schwachem Bindegewebe, Muskelschwäche, Übergewicht, Leberproblemen.

18 Impatiens	Hyperaktive, ungeduldige und teilweise reizbare Hunde. Hochgradig unfallgefährdet. Begleitend bei Schilddrüsenproblemen, Nervosität, Verspannungen und Magenproblemen.
19 Larch	Unterwürfige, unsichere Hunde mit mangelndem Selbstvertrauen. Schüchtern und generell ängstlich. Sehr eng mit dem Herrchen verbunden. Begleitend bei Unfruchtbarkeit, Gebärmutterentzündung, Entzündungen der Schleimhäute.
20 Mimulus	Hunde mit Angst vor bestimmten Dingen, Situationen oder Menschen. Sind ungern alleine und sehr schmerzempfindlich. Begleitend bei Herzbeschwerden, Unsauberkeit, Panikattacken, Immunschwäche.
21 Mustard	Für depressive Hunde, wenn die Ursache unbekannt ist. Sehr zurückgezogen, häufig ständiges Felllecken. Begleitend bei Depressionen, Appetitlosigkeit, Erschöpfung.
22 Oak	Übertrieben pflichtbewusste Hunde. Überfordern sich regelmäßig. Erschöpfung durch übergroßes Pflichtbewusstsein. Übertrainierte Tiere, hören nie rechtzeitig auf. Begleitend bei Sterilität, Bindegewebsschwäche, Arthrose, Hauterkrankungen.
23 Olive	Völlig erschöpfte Tiere. Allgemeine Kraftlosigkeit mit großem Schlafbedürfnis. Begleitend bei alten Tieren, nach Krankheit oder psychischen und physischen Überforderungen. Bei schwachen Welpen.
24 Pine	Das wandelnde schlechte Gewissen! Tiere wirken ständig geduckt und unterwürfig. Ängstlich und schüchtern. Machen immer den Eindruck, als hätten sie etwas angestellt und erwarteten eine Strafe. Begleitend bei Unsauberkeit, Immunschwäche, häufigen Infektionen, fehlender Läufigkeit.

25 Red Chestnut	Übertrieben besorgte und deshalb ständig unruhige Hunde. Sorgen sich immer um alle, die sie lieben. Überfürsorglich und übereifrig. Welpen und Rudelmitglieder werden stark verteidigt. Begleitend bei Scheinträchtigkeiten, zu häufigen oder zu langen Läufigkeiten, Ekzemen und Gebärmutterentzündung.
26 Rock Rose	Panikblüte. Die Blüte bei allen körperlichen und psychischen Paniksituationen. Tiere zeigen Todesangst, sind nicht mehr zu beruhigen. Begleitend bei Durchfall und Urinverlust durch Schreck, Hysterie, Hitzschlag, Schock, Bewusstlosigkeit, Gewitter- und Feuerwerkangst.
27 Rock Water	Ernsthafte und starre Tiere, sehr pflichtbewusst. Kein Spieltrieb, benötigen wenige Streicheleinheiten. Unterdrücken Schmerzen. Begleitend bei Verspannungen, Zerrungen, Gelenkproblemen, Herzerkrankungen.
28 Scleranthus	Launische, unausgeglichene und unsichere Hunde. Neigen zu Stimmungsschwankungen. Begleitend bei Reisekrankheit, Appetitlosigkeit, Magen-Darm-Irritationen.
29 Star of Bethlehem	Seelentrösterblüte! Die Blüte für Hunde mit schlechten Erfahrungen, bei Verlust, Schock, Krankheit und Schmerz. Hilft bei der Verarbeitung von seelischen Traumen. Begleitend bei Unfall, Tierheimaufenthalt, Haarausfall nach Schock, Herzproblemen, Narkosenachwirkungen, bei allen psychisch bedingten Problemen.
30 Sweet Chestnut	Für Hunde, die sich selbst aufgegeben haben, nach Schock oder langem Leidensweg. Futterverweigerung, ziehen sich zurück. Begleitend nur bei akuten psychischen Zuständen, wenn der Hund zu schwach ist, noch Hilfe anzunehmen.

31 Vervain	Hyperaktive, energiegeladene Hunde, die nie genug bekommen und sich völlig verausgaben. Begleitend bei Nervosität, Magenproblemen, Herzproblemen, Krämpfen, Muskelverspannungen.
32 Vine	Für streitsüchtige, dominante Hunde mit übertriebener Willensstärke. Stolz und respektlos. Begleitend bei Herz-Kreislauf-Problemen, Verdauungsstörungen.
33 Walnut	Verunsicherte und unruhige Hunde, die häufig mit neuen Situationen nicht zurechtkommen. Hilft bei Umzug, Besitzerwechsel u. ä., wenn der Hund sichtlich Probleme mit der Umstellung hat. Begleitend bei Immunschwäche.
34 Water Violet	Einzelgänger! Diese Hunde sind stolz, unnahbar und absolut kontaktarm. Meist sehr intelligent. Möchten nicht gestreichelt werden. Begleitend bei Verstopfung, Gelenkproblemen, Hautproblemen.
35 White Chestnut	Unkonzentrierte, angespannte Hunde, die manchmal sogar ängstlich erscheinen. Unruhiger Schlaf, ständiger Bewegungsdrang, Angst vor bestimmten Dingen oder Situationen. Begleitend bei Allergien, ständig wiederkehrenden Erkrankungen, Rheuma.
36 Wild Oat	Launische und unsichere Hunde, die sich langweilen. Intelligent und leistungsstark. Zerstörungswut oder Aggression durch Unterforderung. Nur zufrieden bei viel Abwechslung und Spannung im Alltag. Begleitend bei Infektionen, Hauterkrankungen, Wundheilungsstörungen.

37 Wild Rose	Teilnahmslos und apathisch wirkende Tiere, die kein Interesse mehr am Leben haben. Mit dieser Blüte entscheidet sich oftmals, ob der Hund bei schwerer Krankheit noch Lebenswillen hat. Begleitend bei schweren Erkrankungen, wenn Therapien nicht anschlagen wollen.
38 Willow	Launische und meist schlecht gelaunte Tiere, die ihre Stimmung an allem und jedem auslassen. Meist Hunde, die einsam sind. Sehr futterneidisch, schmollen oft tagelang. Begleitend bei Rheuma, ausbleibender Läufigkeit oder Sterilität.
39 Rescue Remedy	Kombination aus 5 Blüten, die sich bei allen Schockzuständen, Stress, gefährlichen und belastenden Situationen und Notfällen bewährt, z. B. Hitzschlag, Unfall, Schmerzen, Tierarztbesuch, Operationen, Bissverletzungen, Verbrennungen usw. Nur für den akuten Fall!!!

▷ Pflanzenheilkunde

Die wohl älteste bekannte Heilmethode ist die **Behandlung mit Heilkräutern**. Seit Menschengedenken werden Krankheiten mit Kräutern behandelt. Unsere Hunde wenden diese Therapie sogar oft selbstständig und instinktiv an: Sie knabbern an bestimmten Grashalmen, die Ihnen gut tun und sie beispielsweise von einem verdorbenen Magen befreien. Für diese bestimmten Halme stöbern sie oft ganze Wiesen ab – vielleicht haben Sie sich schon mal gefragt, was Ihr Hund da sucht? Er sucht nach der Quecke, einem Kraut, das man umgangssprachlich auch Hundsgras nennt. Die Quecke liefert Ballaststoffe und regt die Verdauung an. Und sie ist bei Übelkeit ein wirksames Brechmittel. Unsere Hunde wissen das!

Wildlebende Tiere kann man bei diesem Verhalten in noch viel größerem und differenzierterem Maße beobachten. Viele Beschwerden lassen sich mit der Heilkraft der Kräuter lindern oder sogar heilen. Kräuter enthalten verschiedene Öle, Salze, Säuren und Nährstoffe, die im Körper ganz verschiedene Wirkungen haben. So können durch die Pflanzenwirkstoffe sowohl der Stoffwechsel angeregt, ein Aufbau verschiedener Organismen angekurbelt oder sogar Entgiftungsreaktionen herbeigeführt werden.

Heilkräuter können auf ganz verschiedene Arten angewendet werden: von den frischen Kräutern bis hin zum Tee, Öl und Kräuterpulver ist auch bei unseren Hunden alles möglich. Die Naturapotheke lässt sich aber nicht nur **innerlich** mit sehr guten Resultaten anwenden, auch **äußerlich** als Salbe, Packung oder Wickel leistet sie gute Dienste. Und wenn Sie Ihrem Hund etwas wirklich Gutes tun möchten, so werten Sie sein Futter immer wieder mit Kräutern auf.

Dosierungsempfehlung, falls nicht anders angegeben:

- Kleine Hunde bis 5 kg: 1x täglich 1 Teelöffel Kräuter als Futterzusatz oder 2x täglich 1 Teelöffel Kräutertee oder 3x täglich 2 Tropfen einer Tinktur.
- Mittelgroße Hunde bis 15 kg: 1x täglich 1 Esslöffel Kräuter ins Futter oder 2x täglich 1 Esslöffel Kräutertee oder 3x täglich 2–4 Tropfen Tinktur.
- Große Hunde bis 30 kg: 1x täglich 1–2 Esslöffel Kräuter als Futterzusatz oder 2x täglich 1–2 Esslöffel Tee oder 3x täglich 3–5 Tropfen Tinktur.
- Sehr große Hunde über 30 kg: 1x täglich 2–4 Esslöffel Kräuter ins Futter oder 2x täglich 2–4 Esslöffel Tee oder 3x täglich 5–6 Tropfen Tinktur.

> **Tipp:** In der Apotheke bekommen Sie alle Kräuter in getrockneter Form, als Tinktur oder Salbe.

Hier ein kleiner Überblick über wichtige Kräuter, die auch in der Hausapotheke Verwendung finden. Diese Kräuter können Sie je nach Region leicht selber sammeln und frisch verwenden oder trocknen. Dies aber bitte nur, wenn Sie in der Kräuterkunde und der Zubereitung erfahren sind.

Arnika	Wundheilend, entzündungshemmend und desinfizierend. Anwendung bei Verletzungen, Prellungen, Blutergüssen und Verstauchungen.
Brennnessel	Harntreibend, stoffwechselanregend. Anwendung bei Harninfekten, Rheuma und wenn die Bildung von roten Blutkörperchen angeregt werden soll.

Hagebutte	Vitamin C! Abwehrsteigernd. Anwendung bei Blasen-und Nierenerkrankung, Immunschwäche.
Holunder	Nur abgekocht verabreichen – roh ist Holunder schwach giftig. Entzündungshemmende Früchte und Blüten, Blätter und Rinde wirken nierenanregend und abführend. Anwendung bei Erkältungen, rheumatischen Schmerzen und Blasenentzündungen. Äußerlich bei Entzündungen.
Johanniskraut	Beruhigend, schleimlösend, entzündungshemmend und desinfizierend. Anwendung äußerlich bei Verbrennungen, Wunden und Nervenschmerzen, innerlich zur Beruhigung und Kräftigung der Nerven. Achtung: Bei Anwendung von Johanniskraut Sonne meiden wegen erhöhter Lichtempfindlichkeit.
Knoblauch	Antibakteriell, antimykotisch, desinfizierend, verdauungsfördernd, Blutdruck und Cholesterin senkend. Zur Wurmabwehr. Anwendung bei Infektionen, Pilzbefall, ständigem Wurmbefall, schwachem Stoffwechsel und Verschlackung.
Löwenzahn	Galleanregend, blutreinigend, appetitanregend und stärkend. Anwendung zur Entgiftung von Leber und Stoffwechsel, bei Galleproblemen, Rheuma und Arthrose, Verdauungsproblemen, stärkend für Senior-Hunde.
Rosmarin	Durchblutungsanregend und nervenstärkend. Anwendung bei Zahnfleischentzündungen, Erschöpfung, Durchblutungsstörungen, Problemen mit dem Bewegungsapparat. Äußerlich bei Ekzemen, Juckreiz, Wunden oder Arthrose.

▷ Wickel und Umschläge

Dieses alte und traditionsreiche Naturheilverfahren ist so simpel wie effektiv und kann jederzeit schnell angewendet werden. Selbst in Kliniken und Reha-Einrichtungen gehören Wickel und Umschläge zum festen Therapieplan.

▷ Wickel

Wir unterscheiden bei den Wickeln zwischen einem **warmen Wickel** und einem **kalten Wickel**. Diese werden überall dort eingesetzt, wo eine schnelle schmerzstillende, abschwellende oder entspannende Wirkung erreicht werden soll. Zudem wird die Ausscheidung von Giftstoffen beschleunigt.

▷ Warmer Wickel

Der warme Wickel weitet die Blutgefäße, verstärkt die Durchblutung und beschleunigt somit den Stoffwechsel. Auch der Entgiftungsprozess wird angeregt.

Wann werden warme Wickel angewendet?

- Abszesse (lassen sie reifen)
- Blasenentzündung
- Chronische Entzündungen der Muskulatur
- Chronische Gelenkentzündungen
- Chronische Sehnenentzündungen
- Chronische Verspannungen
- Entzündungen der Nieren, Leber, Magen
- Koliken

Und so geht's: Zubereitet wird der warme Wickel mit einem Tuch, das in heißes Wasser gelegt, danach gut ausgewrungen und soweit abgekühlt wird, bis es für den Hund erträglich ist. Der Wickel wird auf die betroffene Stelle aufgelegt und am besten mit einem Handtuch oder einer Decke abgedeckt, damit die Wärme länger hält. Sobald der Wickel abgekühlt ist, wird er entfernt. Zur Verbesserung der Wirkung kann man je nach Erkrankung Wirkstoffe wie Teeabsud, Essenzen oder Kräuter hinzufügen.

Beispiel Heublumen-Wickel: Eine Handvoll Heublumen in 2 l Wasser für ca. 30 Minuten kochen. Danach die Blüten absieben und den Wickel mit dem Sud tränken. Dieses Verfahren können Sie bei unterschiedlichen Zusätzen anwenden.

Bitte achten Sie bei allen warmen Wickeln darauf, dass die Auflage nicht zu heiß aufgelegt wird! Testen Sie die Temperatur an der Innenseite Ihres Unterarms.

▷ **Kalter Wickel**

Kalte Wickel entziehen dem Körper Wärme – am bekanntesten sind wohl die Wadenwickel bei Fieber.

Wann werden kalte Wickel angewendet?

- Akute Gelenk- oder Bändererkrankungen
- Akute lokale Entzündungen
- Akute Muskelentzündung
- Fieber
- Insektenstiche
- Prellungen
- Schwellungen, die spürbar warm sind
- Verstauchungen
- Wenn schnell eine abschwellende Wirkung erzielt werden soll

Und so gehts: Zubereitet wird der kalte Wickel mit kaltem Wasser oder kaltem Tee. Auch Essigwasser oder homöopathische Essenzen können je nach Indikation verwendet werden.

Den Wickel lässt man so nass wie möglich nur kurze Zeit liegen, sodass er sich erst gar nicht erwärmt, dann wird er erneuert.

Tipp: Wadenwickel bei Hunden funktionieren am besten mit alten Socken, die Sie nass für kurze Zeit in die Tiefkühltruhe legen. Bitte beachten Sie aber, dass die Wickel nicht zu kalt sein dürfen! Testen Sie die Temperatur an der Innenseite Ihres Unterarms.

Bitte beachten Sie auch unbedingt, dass der Hund nach einem Umschlag oder Wickel im behandelten Bereich gut abgetrocknet und gegebenenfalls warm gehalten werden muss, bis er trocken ist. Sonst wird aus einem gut gemeinten Wickel schnell eine saftige Erkältung oder Verkühlung.

▷ Umschläge

Umschläge oder sogenannte Auflagen werden aus den verschiedensten Zutaten hergestellt. Im Gegensatz zum Wickel – der im Regelfall nass angewendet wird – ist die Basis bei den Umschlägen eher von **breiiger Konsistenz.**

Beim Hund sollten Sie wegen seines Fells idealerweise einen Leinensack verwenden oder die Mischung auf ein Tuch geben, aber natürlich kann der Umschlag auch direkt auf die Haut gebracht werden. Gerade Honig oder Sauerkraut werden direkt auf die Haut gegeben und ein Leinentuch darübergelegt.

Beispiel Kartoffel-Umschlag: Die Kartoffeln kochen, zerstampfen und noch warm auf ein Tuch geben. Dies wird auf das Fell aufgelegt und darüber kommt ein warmes, feuchtes Tuch.

Beispiel Quark-Umschlag: Kühlschrankkalten Quark auf ein Tuch geben, dies auf das Fell legen und mit einem Tuch abdecken.

Wann werden Umschläge angewendet?

- Abszesse
- Analdrüsenentzündungen
- Blutergüsse
- Bronchitis, Husten und Schnupfen
- Ekzeme
- Entgiftung
- Geschwüre
- Halsentzündungen
- Insektenstiche
- Knochenerkrankungen
- Koliken
- Krämpfe
- Leberprobleme
- Lymphknotenschwellung
- Prellungen
- Rheuma
- Verletzungen und Brandwunden
- Verstauchungen

▷ Magnetfeldtherapie

Eine der ältesten Therapieformen der Menschheit wird von immer mehr Ärzten, Therapeuten und Heilpraktikern wiederentdeckt und angewandt: die heilsame Wirkung magnetischer Felder auf unseren Körper! Als vor einigen tausend Jahren von den Chinesen die Akupunktur entdeckt wurde, benutzte man keine Nadeln, sondern Magnetsteine, die auf die Meridian-Punkte gelegt wurden. Auch im alten Ägypten, bei den Griechen und den jüdischen und arabischen Ärzten des Mittelalters wusste man bereits um die Heilkraft von Magneten.

Ende des 19. Jahrhunderts wurde dann mit Hilfe von elektromagnetischen Feldern die Urform der heutigen Magnetfeldtherapien begründet! Seit ca. 1950 wird auf diesem Gebiet weltweit geforscht und bis dato finden Forscher immer noch neue positive Wirkungen auf den Körper!

Vor allem bei Knochen, Muskeln und Gelenken ist der Effekt von Magnetfeldern zahlreich erforscht und belegt. Inzwischen wurde die statische Magnetfeldtherapie durch die weitaus effektivere und besser einsetzbare **pulsierende Magnetfeldtherapie** ersetzt.

Magnetfelder wirken, vereinfacht ausgedrückt, auf jede einzelne Zelle im Organismus. Sie verbessern die Sauerstoffnutzung aus den roten Blutkörperchen, steigern die Durchblutung und haben einen positiven Einfluss auf das vegetative Nervensystem.

> **Hinweis:** In der Tierheilkunde wird die Magnetfeldtherapie seit geraumer Zeit sehr erfolgreich bei Problemen mit dem Bewegungsapparat eingesetzt. Gerade bei Pferden ist diese Therapie in der Regeneration und bei der Behandlung von Gelenk- und Sehnenerkrankungen längst fester Bestandteil.

In meiner Praxis wende ich die Magnetfeldtherapie nun seit vielen Jahren mit oft äußerst erstaunlicher Wirkung bei Arthrose, Gelenk- und Sehnenproblemen sowie Verletzungen, Allergien und Stoffwechselerkrankungen an. Natürlich gehört die Magnetfeldtherapie nach Operationen zum Pflichtprogramm.

Einige Hersteller von Magnetfeldsystemen oder manche Therapeuten stellen Ihnen gegen Gebühr ein **Leihgerät** zur Verfügung, sodass Sie Ihr Tier auch Zuhause gut selbst behandeln können. Zahlreiche Tierärzte und Tierheilpraktiker bieten bei weniger ausgeprägten Symptomen die Therapie in ihrer

Praxis an. Bestimmt auch in Ihrer Nähe – informieren Sie sich. Am Ende des Buches finden Sie auch die Kontaktdaten eines Herstellers, der Leihgeräte gegen Gebühr zur Verfügung stellt und diese vor Ort bei Ihnen von seinen Fachberatern einstellen und erklären lässt.

Die Magnetfeldtherapie wird mit verschiedenen **Applikatoren** angewendet. Die Ganzkörpermatte – auf die sich der Hund legt – gehört zur Basis-Anwendung und -Ausstattung der meisten Magnetfeldsysteme! Andere Systeme bestehen noch aus einem Kissen zur lokalen Therapie eines größeren Areals oder den großen Gelenken und einem Therapiestab zur punktgenauen Behandlung von Verletzungen oder kleineren Bereichen. Zusätzlich zu diesen Basis-Applikatoren gibt es noch Systeme mit einem eingebauten Laserstab und die Möglichkeit, parallel zur Magnetfeldtherapie mit sogenannten Zapp-Elektroden eine Bio-Frequenztherapie durchzuführen.

Bewährte Indikationen	Applikator und Behandlungsdauer
Arthrose	Je nach Schweregrad von 1x wöchentlich bis 1x täglich eine Anwendung auf der Matte. Zusätzlich immer die lokale Anwendung mit Stab oder Kissen am betroffenen Gelenk.
Bänderdehnung	Über 2 Wochen jeden 2. Tag eine Anwendung lokal mit Kissen oder Stab.
Ekzeme	Bis zur Abheilung eine Anwendung täglich auf der Ganzkörpermatte und lokale Anwendung mit dem Stab.
Allergie	Tägliche Anwendung über mehrere Wochen mit der Ganzkörpermatte. Lokale Anwendungen an irritierten Hautstellen mit dem Stab sind mehrmals täglich möglich.
Wunden	Lokale Anwendung mit dem Therapiestab, bis die Wunde zumindest abheilt. Im Idealfall mit gleichzeitiger Laseranwendung, um eine schnellere Heilung zu fördern.

Narben	Je nach Zustand der Narbe 1x täglich bis 1x wöchentlich eine Behandlung mit dem Therapiestab. Auch hier tut der Laser gute Dienste und macht verhärtete Narben weich.
Verletzungen/Frakturen	Mehrmals täglich Anwendung mit dem Kissen direkt an der verletzten Stelle. Zusätzlich einmal täglich Ganzkörpermatte. Bei konsequenter Behandlung kann trotz Bewegungsmangel ein Abbau der Muskulatur verhindert werden. Die Kallus-Bildung im verletzten Knochen ist deutlich schneller.

Erkrankungen von A bis Z

Nachfolgend finden Sie ausgewählte und häufig vorkommende Erkrankungen, bei denen sich eine Behandlung mit Naturheilverfahren durch den Tierbesitzer bestens bewährt hat. **Bei Unsicherheiten in der Diagnose, schweren Symptomen oder starken Schmerzen sollten Sie aber bitte immer einen Tierarzt und/oder Tierheilpraktiker aufsuchen.** Dies gilt auch, wenn keine Verbesserung oder eine Verschlechterung außerhalb der Erstreaktion eintritt!

Abszesse

Ein Abszess ist eine lokale Entzündung mit Eiterbildung. Die Symptome reichen von einer kleinen Schwellung bis hin zu hochgradigen Schmerzen.

> **Wichtig:** Bei hochgradigen Schmerzen oder wenn das Tier Fieber hat, muss eine sofortige Behandlung durch den Tierarzt erfolgen!

▷ Klassische Homöopathie

Apis D6 bei starker Schwellung.
Arnica D6 bei beginnender Abszessbildung.
Belladonna D6, wenn die Umgebung des Abszesses deutlich mit entzündet ist.
Hepar sulfuris D6 zur Reifung des Abszesses; D30, wenn der Abszess nicht reagiert.
Mercurius solubilis D12 bei schmerzhaften Eiterprozessen.
Myristica sebifera D6, das „homöopathische Messer", damit der Abszess schnell reift und sich öffnet. Eine Gabe alle 2 Stunden öffnet einen reifen Abszess.
Silicea D12 bei chronischen Eiterprozessen, Fistelbildung oder wenn ein Fremdkörper (Dorn, Stachel usw.) die Ursache für den Abszess ist.
Tarantula cubensis D12 bei schmerzhaften Abszessen mit Blaufärbung der Haut.

▷ Komplexmittel

Apis-Homaccord bei ödematösen Schwellungen.
Echinacea compositum bei Entzündungen.

Staphylosal bei eitrigen Entzündungen.
Traumeel Tabletten und Salbe zur Wundheilung.
Traumisal zur Vorbeugung einer Wundinfektion und zur Wundheilung.

▷ Schüßler-Salze

Calcium fluoratum und **Silicea** bei verhärteten Abszessen, zur Aktivierung.
Calcium sulfuricum, damit der Eiter abfließt.
Ferrum phosphoricum bei schmerzhaften Abszessen.
Natrium phosphoricum allgemein bei Abszessen.

▷ Bachblüten

Rescue Remedy-Notfallglobuli zur Unterstützung der Psyche, gerade bei schmerzhaften Abszessen.

▷ Wickel und Umschläge

Ein Umschlag mit Leinsamen oder Heublumen (beides im Leinensäckchen auf den Abszess aufbringen) bringt den Abszess zum Reifen.

Allergie

Allergien sind Überreaktionen des Körpers auf eine oder mehrere Substanzen. Eine Allergie kann die unterschiedlichsten Symptome hervorrufen – dies reicht von Hautausschlägen über Atemwegsprobleme bis zum Durchfall. Auch die Allergie auslösenden Stoffe sind unterschiedlichster Herkunft. Es können Pollen, Nahrungsmittel, Hausstaubmilben und vieles mehr sein. Meist ist es ein langer Weg, bis die Ursache der Allergie gefunden wird. Manchmal haben Hunde auch schon eine regelrechte „Krankheitskarriere" hinter sich, bis überhaupt herausgefunden wird, dass der Hund schlicht und ergreifend allergisch reagiert.
Genauso problematisch wie die Diagnose ist auch die Behandlung einer Allergie. Ich liste an dieser Stelle nur Präparate auf, die als Begleittherapie bei allergischen Erkrankungen wertvolle Dienste leisten.

Wichtig: Die Behandlung einer Allergie gehört immer in die Hände eines guten Therapeuten oder Tierarztes.

Beim Therapeuten kann beispielsweise mit einer **Umstimmungstherapie** oder einer **Eigenbluttherapie** das Überreagieren des Immunsystems reguliert werden. Fragen Sie dazu Ihren Therapeuten oder naturheilkundlich arbeitenden Tierarzt. Wichtig beim allergisch reagierenden Hund sind auch der Aufbau des Immunsystems, eine Darmsanierung und diätetische Maßnahmen.

▷ Unverträglichkeiten

Etwas näher eingehen möchte ich auf die leider immer häufiger auftretenden **Nahrungsmittelunverträglichkeiten**. Häufig wurden Hunde mit Unverträglichkeiten schon mit zahlreichen verschiedenen Allergie und Sensitiv Trocken- und Nassfutter gefüttert, oftmals sogar gebarft und all dies ohne den gewünschten Erfolg. Ganz oft führten diese Futterumstellungen sogar zu einer deutlichen Verschlimmerung der gesamten Problematik.

Hier hilft nur die sogenannte **Ausschlussdiät**! Vor Beginn der Ausschlussdiät sollten Sie Ihren Hund dem Therapeuten vorstellen, um ein geeignetes Mittel zur Darmsanierung und zur Regulierung des Immunsystems zu erhalten. Und dann starten Sie beziehungsweise Ihr Hund mit der Diät:

- Dazu geben Sie dem Hund über mindestens 3 Tage ausschließlich Kartoffeln.
- Ab dem 4. Tag mischen Sie mageren Hüttenkäse darunter. Dies wird über 3 Tage unverändert gefüttert. Der Hund sollte bei einer Nahrungsmittelunverträglichkeit jetzt eine spürbare Verbesserung der Probleme zeigen.
- Nun geben Sie für weitere 3 Tage eine neue Futterkomponente in kleiner Menge hinzu. Im Idealfall beginnen Sie mit einer Fleischsorte wie Lamm, Strauß oder Pferd. Zeigt der Hund nach 3 Tagen keine Symptome, so können Sie davon ausgehen, dass er alles verträgt.
- Nun geben Sie eine Gemüsesorte hinzu – wieder für 3 Tage.
- So fahren Sie fort. Verschlechtert sich der Zustand, setzen Sie das zuletzt getestete Futtermittel sofort ab und füttern die nächsten 3 Tage nochmals nur Kartoffeln mit Frischkäse. Dann testen Sie die nächste neue Futterkomponente.

Wichtig bei der Ausschlussdiät: Beobachten Sie Ihren Hund sehr gewissenhaft und stellen Sie ihn regelmäßig in der Praxis vor, damit eine Mangelernährung oder sonstige Probleme schnell professionell behandelt werden können.

Diese Ausschlussdiät kann natürlich auch mit Trocken- oder Nassfutter durchgeführt werden! Bitte beachten Sie dabei aber, dass das Futter keine Konservierungsstoffe, Gluten oder Lockstoffe enthält. Häufig reagieren Hunde nämlich genau auf diese Dinge!

▷ Klassische Homöopathie

Apis D6 bei akuten Hautausschlägen mit Schwellungen, Allergie auf Insektenstiche.

Calcium carbonicum D12 ist ein bewährtes Mittel bei Haut- und Schleimhautreaktionen, bei Jungtieren, bei Milchunverträglichkeit.

Histaminum D6 zur Regulierung der übermäßigen Histaminausschüttung des Körpers.

Sulfur D12, wenn der Hautausschlag nässend oder eitrig ist, als Umstimmungsmittel, bei verdickten Hautarealen.

Urtica urens D4, wenn der Hautauschlag nesselsuchtartig ist und stark juckt.

▷ Komplexmittel

Alleosal bei Allergien allgemein, Hautausschlägen und Ödembildung.

Calcium carbonicum-Injeel bei chronischen oder seit langem bestehenden Haut- und Schleimhauterkrankungen.

Cutis compositum als Basismittel zur Anregung des Regulationssystems bei Hautproblemen.

Dermisal bei Ekzemen, Haarausfall, unangenehmem Körpergeruch und zur Ausleitung von Schadstoffen und Arzneimitteln (z. B. Cortison).

Histamin-Injeel bei allen allergischen Haut- und Schleimhauterkrankungen zur Regulierung der Histaminausschüttung.

Urtica-Injeel bei nesselsuchtartigen Hautausschlägen, Juckreiz und hochroten, brennenden Ekzemen.

▷ Schüßler-Salze

Calcium carbonicum bei Ausschlägen an den Schenkel-Innenseiten und am Bauch, chronischen Hautproblemen, nässenden Hautauschlägen.

Kalium sulfuricum bei Neigung zu Unverträglichkeiten und Allergien allgemein.

Natrium chloratum bei schuppiger und trockener Haut, Hautausschlägen vor allem auf dem Rücken.

Silicea bei Ausschlägen an der Schenkel-Innenseite und am Bauch, Bläschenbildung, eitrigen Ausschlägen.

▷ Bachblüten

Crab Apple als Begleittherapie bei Ekzemen.
Impatiens als Begleittherapie bei Nahrungsmittelunverträglichkeiten mit Durchfall.
Mimulus bei allgemeiner Überempfindlichkeit.

▷ Pflanzenheilkunde

Da beim allergischen Hund häufig eine Überempfindlichkeit auch gegen Gräser oder Pollen besteht, sollte keine Behandlung mit Pflanzen erfolgen! Dies ist nur durch einen erfahrenen Therapeuten möglich und sinnvoll.

▷ Magnetfeldtherapie

Tägliche Matten-Anwendung über einen längeren Zeitraum zur Regulierung des Immunsystems und zur Abheilung entzündeter Hautbereiche.

Analdrüsenentzündung/Analdrüsenabszess

Eine Entzündung der Analdrüse ist für den Hund eine sehr unangenehme und häufig auch schmerzhafte Geschichte. Sie wird meist ausgelöst durch das Eindicken des Sekrets aufgrund von zu weichem Kot oder durch eingetrocknetes Sekret, das die Ausführungsgänge verklebt. Die Symptome sind Schlittenfahren, Juckreiz am Anus, ständiges Belecken oder Nagen am After. Führt die Therapie nicht innerhalb von 3 Tagen zu einer deutlichen Verbesserung, so lassen Sie bitte die Analdrüsen zunächst einmal vom Fachmann entleeren. Dabei sind dann auch gegebenenfalls Eiterbeimischungen oder Blut im Sekret sichtbar. Auch eine Abszessbildung sollte unbedingt vom Fachmann ausgeschlossen beziehungsweise diagnostiziert werden. Das ist auch für die weitere naturheilkundliche Behandlung sehr wichtig.

▷ Klassische Homöopathie

Belladonna D12 bei akuter Entzündung, eventuell mit Fieber.
Causticum D12 bei Verstopfung der Drüse mit viel klebrigem Sekret, schmerzhaft, chronische Analdrüsenentzündung.
Graphites D6, wenn das Sekret honigartig und klebrig erscheint (Konstitutionsmittel! Vor allem bei Hunden, die zur Fettleibigkeit neigen und eher phlegmatisch wirken).

Hepar sulfuris D12 bei Abszessbildung.

Myristica sebifera D6, das „homöopathische Messer" zur Abszessreifung.

Silicea D12 fördert die Sekretion bei verstopften Analdrüsen und verhindert eine Fistelbildung.

Sulfur D12, das Hauptmittel bei Analdrüsenentzündungen!

▷ Komplexmittel

Calcium sulfuricum-Injeel bei chronischen, immer wieder auftretenden Analbeutelabszessen.

Staphylosal bei allen eitrigen Entzündungen, vor allem bei chronischen oder immer wieder auftretenden Analdrüsenentzündungen.

Traumeel zur Abheilung und Therapieunterstützung bei Entzündungen.

▷ Schüßler-Salze

Calcium fluoratum bei schmerzhaften Prozessen.

Natrium chloratum bei Juckreiz mit Bläschenbildung.

Silicea bei Abszess- und Fistelbildung.

▷ Bachblüten

Rescue Remedy-Notfallmischung vor dem Entleeren der Analdrüse.

▷ Pflanzenheilkunde

Äußerlich Kompresse mit Eichenrinden-Sud.

Calendula oder Hamamelis Salbe.

Arthritis

Eine Arthritis ist eine akute Entzündung eines Gelenkes. Die Symptome sind Schmerzen, Schwellung und deutliche Erwärmung im entzündeten Bereich, Lahmheit und Bewegungseinschränkungen, manchmal auch ein Gelenkerguss. Sind mehrere Gelenke gleichzeitig betroffen, so muss die Ursache vom Tierarzt abgeklärt werden. Es kann sich um eine allergische, infektiöse oder rheumatische Erkrankung handeln.

Eine Arthritis sollte immer und auf jeden Fall schnellstmöglich behandelt und vor allem ausgeheilt werden, um eine Arthrose zu vermeiden! Da sich die Symptome auch bei anderen Erkrankungen des Bewegungsapparates zeigen, empfiehlt sich eine genaue Abklärung – gegebenenfalls mittels einer Röntgen-Untersuchung.

▷ Klassische Homöopathie

Apis D6 bei Ödembildung und deutlicher Schwellung.
Arnica D6 zur Unterstützung der Heilung.
Belladonna D12 bei deutlichen Entzündungszeichen, mit Fieber.
Bryonia D12 bei deutlichen Schmerzen und wenn jegliche Bewegung die Symptome verschlimmert.
Rhus toxicodendron D12 bei Arthritis als Folge von Überanstrengung oder Verkühlung, Hund läuft sich ein.
Symphytum D12 bei allen Knochen- und Knochenhautverletzungen, wenn Arthritis die Folge einer Verletzung ist.

▷ Komplexmittel

Distorsal bei Lahmheiten und Gelenkbeschwerden allgemein, Hund läuft sich ein.
Synosal, wenn die Entzündung von zu viel Harnsäure (Gicht) hervorgerufen wurde.
Traumeel innerlich bei allen Entzündungen und Verletzungen, äußerlich als Salbe auf das betroffene Gelenk.
Zeel, damit die Arthritis nicht in eine Arthrose übergeht, bei rheumatischen Beschwerden.

▷ Schüßler-Salze

Calcium carbonicum bei Arthritis, Hinterhandschwäche.
Calcium fluoratum bei allen Erkrankungen des Bewegungsapparates.
Ferrum phosphoricum als Hauptmittel bei entzündlichen Erkrankungen.

▷ Bachblüten

Beech und Rock Water als Zusatztherapie zur psychischen Unterstützung.

▷ Pflanzenheilkunde

Ackerschachtelhalm zur Durchblutungsförderung und Entzündungshemmung.
Beinwell bei allen schmerzhaften Erkrankungen des Bewegungsapparates.
Teufelskralle wirkt schmerzlindernd, entzündungshemmend und abschwellend.

> **Tipp:** Im Idealfall sind diese Kräuter im Nahrungsergänzungsmittel zusammen mit der neuseeländischen Grünlippmuschel (Glykosaminglykane und Omega-3-Fettsäuren) enthalten.

▷ Wickel und Umschläge

Heublumen-Wickel oder -Umschlag. Die ersten Tage kalt anwenden, danach warm.

Beinwell-Umschlag, lauwarm auflegen.

Weißkraut (oder Wirsing)-**Umschlag**. Ist das Gelenk geschwollen, werden die Blätter (je grüner, desto besser) kurz gewalkt und dann für mehrere Stunden direkt auf das betroffene Gelenk gelegt. Bitte beachten: Weißkraut entzieht Giftstoffe – deshalb die behandelte Stelle anschließend gut mit lauwarmem Wasser waschen, damit ausgetretene Giftstoffe entfernt werden.

Heilerde-Umschläge.

> **Tipp:** Natürlich können Sie jegliche Art von Salbe wie z. B. Traumeel Salbe als Grundlage verwenden!

▷ Magnetfeldtherapie

Über eine Woche lang mehrmals täglich mit Stab oder Kissen das betroffene Gelenk behandeln. Sehr schnelle Schmerzlinderung und Heilung! In meiner Praxis erreiche ich mit dieser Therapie die besten und schnellsten Verbesserungen.

Arthrose

Eine Arthrose ist eine Erkrankung, die zu einer chronischen oder rasch fortschreitenden Degeneration oder Deformierung von Gelenken führt. Jedes Gelenk kann von einer Arthrose betroffen sein, bei vielen Hunden sind es – durch genetische Veranlagung – bereits in jungen Jahren vor allem die Hüftgelenke oder die Ellbogen. Die Symptome reichen von Belastungsschmerzen, Lahmheit und verdickten Gelenken bis hin zum Aufstehschmerz, bei dem der Hund sich „einläuft". Vor allem Hunde großer Rassen bekommen als Folge von Überbelastung und unpassender Ernährung sehr früh eine Arthrose.

Es können aber auch entzündliche Prozesse, Stellungsfehler oder altersbedingte Abnutzung Ursachen für eine Arthrose sein. Sollte ihr Hund an einer Arthrose leiden, kann auch hier unterstützend ein adäquates Nahrungsergänzungsmittel maßgeblich zu einer Verbesserung beitragen. Bitte wenden Sie sich an Ihren Therapeuten, damit dieser das für Ihren Hund passende Nahrungsergänzungsmittel auswählen kann.

▷ Klassische Homöopathie

Bryonia D30, wenn Bewegung die Symptome und/oder den Schmerz verschlimmert.

Calcium carbonicum D12 bei Störungen im Kalkstoffwechsel.

Rhus toxicondron D30, das homöopathische Arthrosemittel schlechthin, wenn der Hund sich „einläuft". Achtung: häufig ausgeprägte „Erstverschlimmerung".

Symphytum D12 bei Arthrose als Folge einer Verletzung oder vorangegangenen Operation.

▷ Komplexmittel

Distorsal, wenn der Hund sich einläuft.

Ost.heel bei Knochenwucherungen, Knochenhautentzündungen durch die Arthrose.

Traumeel bei Entzündungen und Schmerzen.

Zeel bei allen degenerativen Gelenkprozessen. Im Idealfall die ersten beiden Wochen gemeinsam mit Traumeel, danach Zeel alleine.

▷ Schüßler-Salze

Calcium carbonicum bei Schwäche in den Muskeln, Schmerzen.

Natrium phosphoricum wirkt abschwellend und stärkt das Bindegewebe.

Silicea zur Festigung der Gelenke und des Bindegewebes, bei chronischen Entzündungen.

Im Idealfall alle 3 Mittel zusammen verabreichen.

▷ Bachblüten

Beech als Begleittherapie.

▷ Pflanzenheilkunde

Ackerschachtelhalm zur Durchblutungsförderung und Entzündungshemmung.

Beinwell bei allen schmerzhaften Erkrankungen des Bewegungsapparates.

Teufelskralle wirkt schmerzlindernd, entzündungshemmend und abschwellend.

> **Tipp:** Im Idealfall sind diese Kräuter im Nahrungsergänzungsmittel zusammen mit der neuseeländischen Grünlippmuschel (Glykosaminglykane und Omega-3-Fettsäuren) enthalten (zum Beispiel: GAG plus von vet-concept, ArthroGreen von cdVet, Anticox HD von Anibio).

Rock Water als Begleittherapie.

▷ Wickel und Umschläge

Warme Wickel mit einem **Teufelskrallenwurzel-Tee**, **Weidenrinde** oder **Lavendelöl**.

Beinwell-Umschläge.

Warme Wickel und Umschläge auch ohne Zusätze wirken schmerzlindernd und entspannen das umliegende Muskelgewebe.

> **Wichtig bei Arthrose:** Sorgen Sie dafür, dass der Hund in Bewegung bleibt. „Wer rastet, der rostet" trifft auf Arthrose-Patienten in vollem Umfang zu. Werden die Hunde zu sehr geschont, verschlechtert sich die Arthrose deutlich. Überbelastet werden darf der Hund allerdings nicht – mäßig, aber gleichmäßig, lautet die Devise.

▷ Magnetfeldtherapie

Zum Therapiebeginn sollte das betroffene Gelenk zunächst mehrmals täglich mit Matte oder Kissen behandelt werden. Einmal täglich eine begleitende Ganzkörpermatten-Anwendung ist dabei Pflicht. Idealerweise leihen Sie sich gleich zu Beginn ein Gerät für mindestens 4 Wochen. Je nach Schwere der Arthrose kann man nach 2 bis 4 Wochen auf 2 bis 3 Anwendungen pro Woche reduzieren.

Bandscheibenprobleme

Vor allem kleinere Hunderassen wie beispielsweise Dackel, Bulldogge, Pekingese oder Beagle haben Probleme mit Bandscheiben. Aber auch alle anderen Hunderassen können durch Abnutzung oder Überbelastung Probleme mit den Bandscheiben bekommen. Der klassische Bandscheibenvorfall gehört zu den häufigsten neurologischen Erkrankungen des Hundes und betrifft meist die letzten Brustwirbel oder die ersten Lendenwirbel.

Die Symptome reichen von Schmerzen im Rücken, unsicherem Gangbild, Nachschleifen der Hinterhand bis hin zur vollständigen Lähmung. In schweren Fällen können auch Kot- und/oder Harnabsatzstörungen vorliegen. Bei allen Lähmungen Vorstellung beim Tierarzt unerlässlich. Ganz wichtig, vor allem bei den Hunderassen mit genetischer Disposition, ist das Idealgewicht! Übergewicht und falsche Bewegung (beispielsweise häufiges Treppensteigen oder Hinauf- und Hinunterspringen vom Sofa) oder zu wenig Bewegung sind die Hauptauslöser für Bandscheibenprobleme.

▷ Klassische Homöopathie

Hypericum D6 bis D30, wenn der Schmerz durch die Nervenquetschung sehr ausgeprägt ist.

Nux vomica D6, das Hauptmittel bei allen schmerzhaften Erkrankungen der Wirbelsäule, im Akutfall alle 2 Stunden eine Gabe.

Rhus toxicodendron D12 zur Nachbehandlung, um die Verspannungen zu lösen.

▷ Komplexmittel

Discus compositum bei Bandscheibenvorfall, allen Erkrankungen im Wirbelsäulenbereich.

Rumisal bei allen Wirbelsäulenerkrankungen, Dackellähme.

Traumeel bei allen Verletzungen und ihren Folgen.

Traumisal bei allen Verletzungen, zur Heilungsunterstützung.

Zeel bei Bandscheibenvorfall, zur Ausheilung bei degenerativen Gelenkprozessen.

Verabreichen Sie bitte zu den Komplexmitteln ein Vitamin-B-12-Präparat, um die Regeneration des Nervengewebes zu unterstützen.

▷ Schüßler-Salze

Calcium carbonicum bei Bandscheibenvorfall.
Calcium fluoratum, das Hauptmittel der Schüßler-Salze bei einem Bandscheibenvorfall.
Kalium phosphoricum, wenn bereits eine Muskelschwäche besteht.
Natrium chloratum zur Unterstützung der Knorpelbildung.
Silicea stärkt die Wirbelsäule, als Folgebehandlung.

▷ Bachblüten

Elm bei Bandscheibenvorfall nach Überforderung.
Holly bei Bandscheibenvorfall mit Entzündung der Nerven und der Gelenke.
Rescue Remedy im Akutfall zur Ausleitung des Traumas.
Scleranthus, wenn die Schmerzen sehr übellaunig machen.
Willow, wenn die Muskeln sehr verkrampft sind.

▷ Pflanzenheilkunde

Beinwell zur Heilungsunterstützung.
Johanniskraut wirkt schmerzstillend, entzündungshemmend und abschwellend – auch äußerlich als Tinktur zum Einreiben.
Teufelskralle, 3x täglich eine Tasse Tee im akuten Fall.

Tipp: Folgende Präparate stellen eine sinnvolle Nahrungsergänzung sowohl im akuten Fall als auch zur Nachbehandlung und zur Vermeidung eines Rückfalls dar: Agility von Vet-Concept, AntiCox HD akut von Anibio, ArthroGreen von cdVet.

▷ Wickel und Umschläge

Achtung: Bitte im akuten Fall von einer Wärmebehandlung absehen, da sich die Schmerzhaftigkeit dadurch deutlich erhöhen kann!
Warmer Umschlag mit **Gänseblümchen** oder **Lavendelöl** zur Entspannung der Muskulatur und Schmerzlinderung.

▷ Magnetfeldtherapie

Sowohl im Akutfall als auch zur Folgebehandlung die Behandlung schlechthin.
Der Hund sollte 2x täglich auf die Ganzkörpermatte. Zusätzlich mehrmals täglich das Kissen auf die betroffene Region auflegen, im Akutfall therapiert man mit dem Kissen bis zu einer Stunde und wiederholt dies 3- bis 4x pro Tag.

Bindehautentzündung

Eine Entzündung der Bindehäute kann zahlreiche Ursachen haben. Zugluft, Verletzungen, Fremdkörper und Staub, aber auch Infektionen oder allergische Reaktionen können zur Bindehautentzündung führen. Häufig ist die sogenannte Konjunktivitis aber auch eine Begleiterscheinung bei Infektionserkrankungen. Die Symptome einer akuten Bindehautentzündung sind Schwellung, Rötung, Juckreiz und teilweise starker, wässriger, schleimiger oder sogar eitriger Augenausfluss.

▷ Klassische Homöopathie

Aconitum D30, wenn Zugluft (Autofahrt) oder ein Fremdkörper Ursache ist.
Apis D4 bis D30 bei allergischer Reaktion mit starker Schwellung.
Belladonna D30, wenn die Entzündung stark und der Hund extrem lichtscheu ist.
Euphrasia D4 bei starker Reizung mit viel Sekret.
Euphrasia Augentropfen (äußerlich).

▷ Komplexmittel

Belladonna-Homaccord.
Conjunctisan B Augentropfen, äußerlich.
Euphravet-Augentropfen, äußerlich.
Keratisal bei allen Erkrankungen am Auge.
Oculoheel Augentropfen, äußerlich.

▷ Schüßler-Salze

Calcium sulfuricum bei eitriger Bindehautentzündung.
Ferrum phosphoricum bei Entzündung mit starker Rötung.
Silicea bei starker Lichtempfindlichkeit.

▷ Pflanzenheilkunde

Kalte Kompressen bei akuten Entzündungen, warme Kompressen bei chronischen Entzündungen! Mehrmals täglich auflegen.
Augentrostaufguss-Kompresse!
Eibisch Augenbad bei eitrigen Entzündungen.

Blähungen

Hat ein Hund Blähungen, so ist das nur ein Symptom, welches auf eine Störung im Verdauungsapparat hinweist. Kurzfristig auftretende Blähungen können Sie gut selbst mit Naturheilverfahren behandeln. Wenn Ihr Hund aber dauerhaft unter Blähungen leidet, so muss er einem Therapeuten vorgestellt werden. Hier sollte eine Futteranalyse durchgeführt werden und eine Erkrankung, beispielsweise der Bauchspeicheldrüse oder des Darmtraktes, ausgeschlossen werden. Meist verschwinden Blähungen sofort nach einer gezielten Futterumstellung in Verbindung mit einer Darmsanierung.

▷ Klassische Homöopathie

Arsenicum album D6 bei Blähungen mit faulig-übel riechendem Durchfall.
Carbo vegetabilis D12 bei Darmschwäche mit heftigen Blähungen.
Magnesium carbonicum D12 bei Blähungen mit kolikartigen Krämpfen.
Nux vomica D6 zur Regulierung der Darmfunktion, wenn etwas Blähendes gefressen wurde. Nach Überfütterung, falschem Futter.
Plumbum aceticum D6 bei Blähungen mit Verstopfung.

▷ Komplexmittel

Dysenteral bei Blähungen mit Durchfall.
Nux vomica Homaccord bei Blähungen mit oder ohne Kolik, vor allem durch Futter verursacht.
Regu-Enteral bei Magen-Darm-Beschwerden, Verdauungsstörungen mit oder ohne Kolik.
Rumisal bei Blähungen mit Erbrechen oder Durchfall vor allem nach falschem Futter.

▷ Schüßler-Salze

Kalium sulfuricum bei Blähungen, Magen-Darm-Problemen.
Magnesium phosphoricum bei Blähungen mit Verstopfung oder Durchfall, Kot mit Schaum durchsetzt.

▷ Bachblüten

Chestnud Bud bei Hunden, deren Verdauungstrakt immer empfindlich reagiert.
Crab Apple bei Blähungen mit Durchfall. Futtermittelunverträglichkeit.

Aspen, **Mimulus** und **Rockrose**, wenn der Hund aus Angst, Panik oder Unsicherheit mit Blähungen und Durchfall reagiert.

▷ Pflanzenheilkunde

Tee mit Kümmel, Fenchel oder Anis löst die Blähungen mild auf.
Heilerde: 1 EL auf 1 Liter Tee zur Beruhigung der Darmschleimhaut.

> **Tipp:** Fencheltee für Säuglinge tut gute Dienste, wenn keine Kräuter zur Hand sind.

▷ Wickel und Umschläge

Feuchte Wärme entspannt den Darm generell und hilft immer bei Blähungen. Dazu einfach ein warmes feuchtes Tuch über den Bauch legen und darüber eine nicht zu heiße Wärmflasche oder ein warmes Kirschkernkissen. **Kartoffel-Umschläge** oder **Heublumen-Wickel** lindern Blähungen und Krämpfe.

▷ Magnetfeldtherapie

Kissen mehrmals täglich auf den Unterbauch lindert die Blähungen und lässt die Krämpfe abklingen.

Blasenentzündung

Blasenentzündungen äußern sich oft durch plötzlich nicht mehr „stubenreine" Hunde. Meist werden nur kleine Mengen Urin abgesetzt, dafür aber häufiger. Ursache ist meist eine bakteriell bedingte Entzündung der Harnblase durch Unterkühlung oder Nässe. Es kann aber auch eine Schleimhautreizung durch Blasensteine oder Blasengrieß der Auslöser sein.
Hat Ihr Hund Fieber oder Blut im Urin, suchen Sie bitte sofort den Tierarzt auf! Auch bei Harnverhalten gehen Sie bitte sofort zum Tierarzt. Achten Sie darauf, dass Ihr Hund ausreichend lauwarme Flüssigkeit zu sich nimmt.

▷ Klassische Homöopathie

Berberis D6, wenn Grieß die Ursache ist.
Cantharis D6 bei akuter Blasenentzündung mit ständigem Harndrang, sichtlich schmerzhaft. Auch bei bestehenden Blasensteinen, dann aber Cantharis D30 einmal täglich.

Dulcamara D6, wenn die Blasenentzündung durch Verkühlung oder Nässe bedingt ist. Ebenso, wenn Kälte oder Nässe die Beschwerden verschlimmert.
Pareira brava D6 bei chronischen Blasenentzündungen.

▷ Komplexmittel

Cantharis compositum bei Harntröpfeln und akuter Blasenentzündung (1x täglich verabreichen).
Incontisal bei Blasenschwäche, Inkontinenz durch Entzündungen oder nach Kastrationen.
Regu-Immun zur Anregung der Diurese (Ausscheidung) und zur Steigerung der körpereigenen Abwehr bei bakteriellen Infektionen.
Reneel 3- bis 4x täglich bei allen entzündlichen Erkrankungen der ableitenden Harnwege verabreichen, auch bei Steinbildung.
Synosal bei Harnwegserkrankungen allgemein.

▷ Schüßler-Salze

Ferrum phosphoricum im Anfangsstadium einer Blasenentzündung.
Kalium chloratum bei chronischen Blasenentzündungen.
Magnesium phosphoricum bei akuter Blasenentzündung, Harnverhalten.

▷ Bachblüten

Crab Apple als Begleittherapie bei Entzündungen und zur Ausleitung von Giftstoffen aus der Blase.
Hornbeam und **Olive**, begleitend zur Stärkung des Blasenmuskels.

▷ Pflanzenheilkunde

Bärentraube wirkt antibakteriell.
Brennnessel wirkt harntreibend.
Schwarze Johannisbeere, Blätter als Tee unterstützt die Blasenfunktion.
Getrocknete **Preiselbeeren** unterstützen die Blasenfunktion.

> **Tipp:** Nieren- und Blasentee wirkt unterstützend, harntreibend und hilft, unerwünschte Bakterien auszuschwemmen.

▷ Wickel und Umschläge

Ein warmer **Wickel mit Heublumen** auf dem Unterbauch (Blase) wirkt generell lindernd bei allen Harnwegsinfekten.
Ein warmes **Leinsamen-Säckchen** auf den Unterbauch legen.

Ein **Kirschkernkissen** wird meist auch von Hunden toleriert, die sich gegen Wickel und Umschläge sträuben.

Bronchitis/Erkältung

Alle Jahre wieder zum Beginn der Winterzeit erwischt eine Erkältung zahlreiche Hunde. Das Winterfell ist noch nicht komplett da, das schlechte Wetter kam zu plötzlich und ganz schnell entwickelt sich eine Bronchitis daraus, wenn das Immunsystem etwas schwächelt. Natürlich kann das aber auch das ganze Jahr über passieren.

Der Husten kann trocken und krampfartig sein oder mit deutlich hörbarer Verschleimung. Häufig zeigt das Tier grippeähnliche Symptome mit Abgeschlagenheit und Fieber.

▷ Klassische Homöopathie

Aconitum D6 bei plötzlichem Krankheitsbeginn, im Anfangsstadium.
Arsenicum jodatum D6 bei Reizhusten vor allem nachts, mit großer Unruhe.
Belladonna D6 als Folgemittel von Aconitum, bei trockenem Reizhusten.
Bryonia D12 bei trockenem Reizhusten.
Conium D12, wenn Liegen den Husten verschlimmert.
Cuprum aceticum D6 bei heftigem Krampfhusten mit Schleim und Würgereiz.
Ipecacuanha D6 bei starken Hustenanfällen mit Brechreiz oder Erbrechen.
Kalium jodatum D6 bei zähem Schleim und rauem Husten.

▷ Komplexmittel

Engystol als Immunsystem stärkendes Mittel.
Gripp-Heel zur Abwehrsteigerung bei fieberhaften Infekten.
Regu-Immun als Immunsystem stärkendes Mittel.
Regupulmin bei heftiger Erkältung mit zähem Auswurf, fieberhaften Infekten, Atemnot.
Staphylosal bei trockener Bronchitis.
Vomisal bei Bronchitis und Erkältungen mit starkem Würgereiz.

▷ Schüßler-Salze

Calcium carbonicum bei chronischer Bronchitis.
Ferrum phosphoricum im Anfangsstadium.

Kalium chloratum bei zähem Schleim, Lungenentzündung.
Magnesium phosphoricum bei krampfartigem Husten, häufigem Niesen.
Silicea bei akuter Bronchitis, Lungenentzündung.

▷ Bachblüten

Crab Apple zur Unterstützung beim Abhusten von zähem Schleim.
Centaury zum Abhusten und Vermeiden einer Lungenentzündung.

▷ Pflanzenheilkunde

Alle nachfolgend aufgeführten Kräuter haben eine schleimlösende und entzündungshemmende Wirkung und sollten im Idealfall als Tee gegeben werden. Durch ihren hohen Anteil an ätherischen Ölen werden sie von Hunden als getrocknete Kräuter häufig nicht so gerne gefressen.
Anis, Fenchel, Efeu, Eukalyptus, Huflattich, Isländisch Moos, Salbei, Spitzwegerich, Thymian.

> **Tipp:** Bieten Sie Ihrem Hund Erkältungstee statt Wasser an und achten Sie darauf, dass er ausreichend trinkt.

Falls Ihr Hund die Kräuter nicht einnehmen möchte oder den Tee verweigert: Füllen Sie ein Säckchen mit den oben genannten Kräutern und legen Sie es dem Hund auf den Schlaf- und Ruheplatz.

▷ Wickel und Umschläge

Warme **Wickel mit Kräutern** oder ein **Kartoffel-Wickel** auf Hals und Brust helfen beim Abhusten und wirken lindernd.

▷ Magnetfeldtherapie

2- bis 3x täglich das Kissen auf den Brustbereich auflegen. Zusätzlich zur täglichen Ganzkörpermatte-Anwendung. Achtung: nicht bei hohem Fieber!

Durchfall

Von Durchfall spricht man immer dann, wenn mehrmals täglich sehr weicher bis flüssiger Kot abgesetzt wird. Bedenken Sie aber, dass Durchfall häufig nur eine Begleiterscheinung bei einer Vielzahl von Erkrankungen sein kann. Sollte trotz Therapie nach 2 Tagen (bei Welpen: nach 1 Tag!) noch immer keine Besserung eintreten oder das Tier sichtlich geschwächt wirken, suchen Sie bitte einen Tierarzt auf.

> **Wichtig:** Achten Sie bei Durchfall immer darauf, dass Ihr Hund ausreichend Flüssigkeit zu sich nimmt und füttern Sie eine nicht belastende Diät, beispielsweise Reis mit Hüttenkäse.

▷ Klassische Homöopathie

Abrotanum D6 bei Durchfall wegen Wurmbefall, Umstimmung des Darmmilieus.

Arsenicum album D12 bei faulig/übel riechendem Kot, nach Aufnahme von verdorbenem Futter.

Mercurius solubilis D12, wenn der Durchfall wund macht und ständiger Drang vorhanden ist.

Nux vomica D12 bei Durchfall mit Erbrechen, nach Aufnahme von Unverträglichem wie Speisereste, Süßigkeiten oder zu viel Fett oder nach Aufnahme von Unverdaulichem wie Holz, Stoff, Steine usw. Auffällige Blähungen.

Okoubaka D6 bei Durchfall nach Aufnahme von Dreck, Toxinen oder falschem Futter.

Podophyllum D6 bei wässrigem, gelblichem oder grünlichem Kot, unverdautem Kot.

Veratrum album D12 bei Magen-Darm-Entzündung.

▷ Komplexmittel

Diarrheel bei akuten und chronischen Durchfällen, Magen-Darm-Entzündung.

Dysenteral bei Durchfallerkrankungen.

Nux vomica-Homaccord bei Magen-Darm-Leber-Funktionsstörungen.

Regu-Enteral bei Verdauungsstörungen mit oder ohne Leberbeteiligung.

Rumisal bei Verdauungsstörungen mit Erbrechen, Durchfall und Bauchkrämpfen, Durchfall ist gelb-grünlich.

▷ Schüßler-Salze

Calcium phosphoricum bei Durchfall nach falschem Futter, stinkender Durchfall.

Ferrum phosphoricum, wenn sich Durchfall mit Verstopfung abwechselt, lehmig-schleimiger Durchfall mit unverdautem Futter.

Kalium phosphoricum bei Durchfall nach Stress oder Angst, häufiger Stuhldrang, Reizdarm beim nervösen Hund.

Natrium phosphoricum bei Durchfall nach zu viel Fett, säuerlicher Durchfall.

Natrium sulfuricum bei Durchfall durch Wurmbefall, wechselt sich mit Verstopfung ab, häufig Erbrechen mit dabei.

▷ Bachblüten

Chestnut Bud für darmempfindliche Hunde.

Crap Apple bei Unverträglichkeit bestimmter Nahrungsmittel, Ausleiten von Giftstoffen.

Elm und **Holly** bei Durchfall nach Stress.

▷ Pflanzenheilkunde

Lösen Sie 1 Esslöffel **Heilerde** in 1 Liter Flüssigkeit auf und mischen Sie etwas davon (je nach Größe des Hundes von 1 Esslöffel bis zu einer Tasse) unter das Futter oder den Tee, um Giftstoffe zu binden.

Eichenrinde bei Darmschleimhautentzündungen.

Fenchel wirkt beruhigend auf die Darmschleimhaut. Appetitanregend.

Getrocknete **Heidelbeeren** wirken regulierend auf den Darm.

Kamille beruhigt und lindert.

Kümmel wirkt regulierend und krampflösend.

Spitzwegerich wirkt antibakteriell und entzündungshemmend.

Ein **Tee aus Schwarztee, Fenchel und Kamille** wirkt entzündungshemmend und krampflösend.

Sind keine Kräuter im Haus, so können Sie Ihrem Hund natürlich auch einen **Magen-Darm-Tee** anbieten. Nach jedem Durchfall sollte ein Probiotikum verabreicht werden, um das Darmmilieu wieder aufzubauen (zum Beispiel Intestinum Liquid von vet-concept, Darm-Probiotic von Anibio).

> **Tipp:** Geben Sie Ihrem Hund bei allen bakteriellen Durchfällen Kohletabletten, damit die Giftstoffe im Darm gebunden werden und nicht in den Stoffwechsel gelangen. Je nach Größe des Hundes 2 bis 6 Tabletten pro Tag.

▷ Wickel und Umschläge

Wärme in jeglicher Form wirkt gegen die Blähungen und entspannt den Darm.

Warmes **Kirschkernkissen**.

Feuchte Wickel.

Heublumen-Umschlag.

Erbrechen

Erbrechen ist meist nur ein Symptom beziehungsweise eine Begleiterscheinung einer Erkrankung des Magen-Darm-Traktes, des Leber-Gallen-Stoffwechsels oder auch von Infektionen, Parasitenbefall, Vergiftungen und Ähnlichem. Auch psychische Ursachen können zu Erbrechen führen. Flüssigkeit in Form von Kamillentee wirkt lindernd auf die gereizte Speiseröhre. Wenn das Erbrechen so stark ist, dass der Hund mehr Flüssigkeit verliert als er aufnimmt, starke Koliken vorhanden sind oder der Hund zusehends apathisch wird – gehen Sie sofort zum Tierarzt!

> **Wichtig:** Solange der Hund erbricht, bieten Sie ihm kein Futter an. Danach füttern Sie ein bis zwei Tage Schonkost.

▷ Klassische Homöopathie

Arsenicum album D12 nach Aufnahme von verdorbenem Futter, bei Vergiftungsanzeichen. Der Hund hat großen Durst, trinkt aber immer nur kleine Mengen und erbricht oft sofort wieder.
Bryonia D12 bei Erbrechen nach zu viel Futter, wenn zu schnell gefressen wurde. Großer Durst, Hunger trotz Übelkeit.
Chamomilla D4 bei gallig-gelbem Erbrechen mit Krämpfen.
Cocculus D12 bei Erbrechen beim Autofahren.
Ipecacuanha D6, wenn viel weißer Schleim erbrochen wird, mit heftigem Würgen, Erbrechen von unverdautem Futter, Erbrechen nach Medikamentengabe.
Nux vomica D6 bei Magenschleimhautentzündung, Erbrechen nach zu fetten Speisen, falschem Futter oder Unverdaulichem wie Holz oder Stoff. Erbrechen nach Medikamentengabe. Geben Sie Nux vomica im Wechsel mit Ipecacuanha, wenn sich das Erbrechen zwischendurch bessert, dann aber wiederkommt.
Okoubaka D6 bei Erbrechen nach Aufnahme von Unverträglichem.

▷ Komplexmittel

Gastricumeel bei Magenschleimhautentzündung.
Regugastrin bei nervösen Magenproblemen, Magenschleimhautentzündungen, Übelkeit mit viel Speicheln.
Regu-Interal bei Magen-Darm-Störungen allgemein.

Rumisal bei Erbrechen mit Bezug zur Leber, Verdauungsstörungen.
Vomisal bei starkem Erbrechen, starkem Würgereiz, häufig mit gleichzeitigem Durchfall, Erbrechen als Begleiterscheinung einer Bronchitis.

▷ Schüßler-Salze

Ferrum phosphoricum bei Erbrechen nach Futteraufnahme, bei akuter Magenschleimhautentzündung.
Magnesium phosphoricum bei akuter Magenschleimhautentzündung mit sichtlichen Krämpfen, bei nervösen Magenproblemen.
Natrium chloratum bei vermehrtem Durst, starkem Speichelfluss, nervösem Magen, wenn der Magen stark übersäuert ist.
Natrium phosphoricum, wie Natrium chloratum, aber mit zu wenig Magensäure, Futter wird unverdaut erbrochen.

▷ Bachblüten

Aspen bei Erbrechen durch Angst.
Crab Apple bei Magenproblemen nach falschem oder zu viel Futter.
Holly bei nervösen Magenbeschwerden, Entzündung nach Stress.
Mimulus bei Erbrechen durch Angst.
Rock Rose bei akuter Magenschleimhautentzündung nach großer nervlicher Belastung oder Panik.

▷ Pflanzenheilkunde

Kamille wirkt lindernd und beruhigend auf die Magenschleimhaut.
Melisse wirkt krampflösend und schmerzstillend.
Magen-Darm-Tee aus der Apotheke.
Tee mit **Anis**, **Kümmel** und **Tausendgüldenkraut**.
Brombeerblätter und **Himbeerblätter** wirken krampflösend.

▷ Wickel und Umschläge

Prinzipiell lindern alle warmen Umschläge den gereizten Magen. Gute Dienste leistet aber auch eine ganz gewöhnliche **Wärmflasche** oder ein warmes **Kirschkernkissen**.

▷ Magnetfeldtherapie

Das Kissen mehrmals täglich auf den Oberbauch. Eine Anwendung auf der Ganzkörpermatte sollte die Therapie einleiten.

Fieber

Fieber ist eine natürliche Abwehrreaktion des Körpers. Das Immunsystem erhält durch die erhöhte Körpertemperatur Unterstützung im Kampf gegen beispielsweise unerwünschte Bakterien oder Viren. Aus diesem Grund sollte Fieber auch nicht unterdrückt werden.

Hunde mit Fieber fühlen sich unnatürlich warm an und sind auffällig müde oder erschöpft, haben manchmal großen Durst und kaum Appetit. Gehen Sie mit Ihrem Hund, wenn er Fieber über 40 °C hat, unbedingt zu Ihrem Tierarzt!

▷ Klassische Homöopathie

Aconitum D12, wenn das Fieber plötzlich und akut kommt, zu Beginn einer Infektion.

Belladonna D12 bei hochakuten fieberhaften Infekten.

Ferrum phosphoricum D12 bei erhöhter Temperatur.

Lachesis D12 bei akuten bakteriellen Infektionen.

Pyrogenium D6 als „homöopathisches Antibiotikum" bei fiebrigen Infekten zur Unterstützung der körpereigenen Abwehr.

> **Tipp:** Bedenken Sie bei den klassischen Einzelmitteln, dass es eine Erstreaktion mit Anstieg der Temperatur geben kann! Im Zweifel geben Sie also eher ein Komplexmittel.

▷ Komplexmittel

Echinacea compositum bei bakteriellen Infektionen zur Unterstützung des Immunsystems.

Engystol zur Unterstützung des Immunsystems bei Virusinfektionen oder Fieber durch Stress.

Febrisal bei allen akuten Fieberzuständen.

Ferrosal bei jungen oder geschwächten Tieren mit fiebrigen Infektionen.

Gripp-Heel bei grippalen Infekten, im Anfangsstadium bei allen fieberhaften Infekten zur Immunsystem-Unterstützung.

Traumeel bei fiebrigen bakteriellen Entzündungen.

▷ Schüßler-Salze

Ferrum phosphoricum bei erhöhter Temperatur.

Kalium phosphoricum bei hohem Fieber.

▷ **Bachblüten**

Cherry Plum bei hohem Fieber.

Elm zur Stärkung des Immunsystems, bei Fieber nach psychischer Belastung.

Holly bei Fieber allgemein.

Larch zur Unterstützung der körpereigenen Abwehrkraft.

Wild Oat unterstützt den Genesungsprozess.

Rescue Remedy-Notfallmischung bei allen Infektionen als Begleittherapie.

▷ **Pflanzenheilkunde**

Chinarinde ist das pflanzliche Fiebermittel schlechthin, als Tee verabreichen.

Eibisch wirkt entzündungshemmend.

Eisenkraut wirkt entzündungshemmend.

Orangenblüten wirken beruhigend.

Frauenmantelblüten wirken beruhigend und fieberkrampflösend.

Propolis zur Steigerung der Abwehrkraft.

▷ **Wickel und Umschläge**

Kalte **Wadenwickel** sind sicherlich DIE erste Maßnahme gegen Fieber schlechthin. Beim Hund empfiehlt sich die Behandlung mit kalten Socken (siehe Seite 34). Wenden Sie die kalten Wickel aber nur an solchen Gliedmaßen an, die auch deutlich erwärmt sind. Und achten Sie bitte darauf, die Wickel rechtzeitig zu wechseln.

Hauterkrankungen

Hauterkrankungen, oder fachlich Dermatosen genannt, können mannigfaltige Ursachen haben: Allergien, Futtermittelunverträglichkeiten, psychische Störungen (zum Beispiel das Leckekzem), Parasiten, Pilze, Bakterien und Viren, aber auch ein Zuviel an synthetischen Vitaminen oder Mineralstoffüberschuss können Auslöser sein. Manchmal sind Dermatosen aber nur das sichtbare Symptom einer Stoffwechselerkrankung, wie beispielsweise bei Lebererkrankungen oder Schilddrüsenfunktionsstörungen. Eine genaue Abklärung der Ursache sollte bei häufig auftretenden bzw. chronischen Ekzemen, Haarausfall oder Ausschlägen immer durchgeführt werden. Wenn man die Ursache kennt, ist die Behandlung natürlich weitaus einfacher als bei sogenannten idiopathischen Hauterkrankungen, bei denen sich keine Ursache ermitteln lässt.

Typisches Symptom einer Dermatitis ist häufig starker Juckreiz. Meist schon, bevor klinische Symptome zu sehen sind! Ansonsten zeigen sich Dermatosen in allen Varianten: Rötungen, Bläschen, Schwellungen, haarlose Stellen, übermäßiger Haarausfall, Tumore, Abszesse, Schuppen, verklebte Haare oder Hautverdickungen bis hin zu vermehrter oder verminderter Pigmentierung der Haut.

Nicht zu vergessen: Der Leidensdruck ist bei den Hauterkrankungen häufig sehr hoch. Der ständige Juckreiz treibt viele Hunde psychisch an ihre Grenzen. Deshalb gehen Sie bitte unbedingt bei hochgradigem Juckreiz, chronischen Hautproblemen oder wenn ihr Hund immer wieder an Ekzemen leidet, zum Therapeuten oder Tierarzt, damit möglichst schnelle Hilfe gewährleistet ist.

Bedenken Sie bitte auch, dass die Haut gerade bei Stoffwechselproblemen als Ausscheidungsorgan mit Dermatosen reagiert (zum Beispiel bei Lebererkrankungen). Auch Warzen sind meist nur ein Ausdruck eines gestörten Immunsystems. Deshalb sollten Hautreaktionen niemals einfach unterdrückt, sondern bestenfalls gelindert und die Hauptursache gefunden und behandelt werden.

▷ Klassische Homöopathie

Acidum hydrofluoricum D8 bei Haarausfall, verfilztem Fell. Verbessert den Fellstoffwechsel.

Arsenicum album D6, wenn der Juckreiz vor allem nachts auftritt, Hautauschläge trocken und schuppig, meist chronisch.

Berberis D12 bei Ekzemen mit und ohne Juckreiz, wenn der Nierenstoffwechsel gestört ist und Hautsymptome verursacht.

Causticum D6 bei harten und verhornten Warzen besonders im Brustbereich und an den Gliedmaßen.

Graphites D12, wenn die Haut trocken und rau ist, der Hautausschlag aber mit honigartigem Sekret (Konstitutionsmittel: Hund neigt zur Fettleibigkeit, sehr verfressen), Liegeschwielen.

Hepar sulfuris D6 bei Lefzenekzem, eitrigen Ekzemen, Abszessbildung.

Lachesis D8 bei hormonell bedingtem Haarausfall der Hündin während der Läufigkeit, Trächtigkeit oder nach der Geburt.

Psorinum D30 bei nässendem Ausschlag mit Juckreiz, unangenehmer, säuerlicher Geruch.

Sepia D8 bei Haarausfall der Hündin vor der Läufigkeit oder nach der Kastration.

Silicea D12 bei Ohrrandekzem, eitrigen Hautauschlägen, Liegeschwielen, alles entzündet sich schnell und heftig.

Staphisagria D6 bei Warzen an den Körperöffnungen wie Augenlider, Lefzen oder After. Juckreiz und Ekzeme.

Sulfur D6 ist im Anfangsstadium DAS Hautmittel! Zur Anregung der Hautentgiftung, zur Umstimmung, das Fell wirkt ungepflegt, der Hund riecht auffällig nach Hund! Juckreiz, gerötete Körperöffnungen.

Sulfur D12/D30 in chronischen Fällen.

Thuja D6, das bewährte Mittel bei Warzen, dunkler Pigmentierung, Hautausschlag nach Impfung.

Urtica urens D6 bei akuter allergischer Hautreaktion mit starkem Juckreiz.

▷ Komplexmittel

Alleosal, wenn der Hautausschlag/das Ekzem allergisch bedingt ist.

Cutis compositum als Basismittel zur Anregung des Hautstoffwechsels.

Dermisal bei Haut- und Fell-Erkrankungen allgemein, Ekzeme, Haarausfall, wenn der Hund unangenehm riecht.

Engystol bei Warzen: 5 ml Engystol (Ampulle), Wiederholung nach 10 bis 12 Tagen.

Graphites-Homaccord bei trockenen Ekzemen, besonders, wenn sie chronisch sind.

Schwef-Heel als Umstimmungsmittel, bei juckendem Ausschlag, Körperöffnungen gerötet.

Thuja-Injeel bei Warzen.

▷ Schüßler-Salze

Arsenum jodatum bei nässenden Ekzemen.

Calcium fluoratum für den gesamten Hautstoffwechsel, bei ausgeprägten Liegeschwielen, Warzen und rissiger Haut.

Calcium phosphoricum bei Haarausfall, Warzen, allergischen Hauterkrankungen mit nässendem Ausschlag.

Calcium sulfuricum bei eitrigen Hautausschlägen, Entzündungen der Haut.

Kalium phosphoricum bei Ekzemen, vor allem allergischer Herkunft, Haarausfall vor allem im Gesicht/Kinn-Bereich (Barthaare).

Kalium sulfuricum bei trockenen schuppigen Ekzemen, Juckreiz.

Natrium phosphoricum bei eitrigen Ekzemen, auffälliger Pfoten-Schweiß, Liegeschwielen, Warzen, fettiges Fell.
Silicea bei eitrigen Prozessen, zur Kräftigung von Haut, Fell und Krallen.

▷ Bachblüten

Agrimony und **Beech** bei Ekzemen, Warzen, Juckreiz, Liegeschwielen.
Centaury, wenn die Ursache ein ständiger Befall mit Parasiten ist.
Cerato allgemein bei Haut- und Fellproblemen.
Cherry Plum bei Leckekzemen, Juckreiz als Reaktion auf Stress.
Chicory bei Leckekzemen.
Crab Apple bei allen Hauterkrankungen, vor allem bei parasitär bedingtem Hautausschlag, Abszessen, Juckreiz, auch äußerlich anzuwenden!
Impatiens bei Juckreiz, großer Unruhe.
Walnut nach Zeckenbissen und bei Flohdermatitis.

▷ Pflanzenheilkunde

Honig bei trockenen oder eitrigen Ekzemen mit Kartoffelmehl vermischen und auftragen.
Calendula/Ringelblume wirkt abschwellend und entzündungshemmend, unterstützt die Heilung.
Echinacea steigert die Abwehrkräfte und wirkt antibakteriell.
Kamille zur Beruhigung der Haut.
Johanniskraut wirkt antibakteriell und beruhigend.
Nussbaumblätter unterstützen den Heilungsprozess.
Stiefmütterchen wirken regulierend auf die Haut.
Zinnkraut zur Unterstützung der Heilung, antibakteriell.
Im Bereich Nahrungsergänzung gibt es zahlreiche Produkte zur Behandlung von Fell- oder Hautproblemen. Viele davon leisten ganz hervorragende Dienste und verbessern schnell den Haut- und Fellstoffwechsel. Lassen Sie sich hierzu aber bitte von ihrem Therapeuten beraten, um den Stoffwechsel des Hundes unter Umständen nicht noch mehr zu belasten oder eine Überversorgung zu riskieren.

> **Tipp:** Alle Kräuter sind sowohl äußerlich als auch innerlich anwendbar.

▷ Wickel und Umschläge

Umschläge oder **Wickel mit Calendula**, **Echinacea**, **Johanniskraut**, **Kamille**, **Nussbaumblättern**.

▷ Magnetfeldtherapie

Einmal täglich Ganzkörpermatte zur Stabilisierung des Immunsystems und Regulierung des Fell-und Haut-Stoffwechsels. Lokal mit Stab oder Kissen mehrmals täglich auf die betroffenen Hautstellen.

Herz-Kreislauf-Probleme

Gerade unsere Senior-Hunde haben genau wie ältere Menschen häufig Probleme mit dem Herzen oder dem Kreislauf. Schwindel, Schwäche, Kurzatmigkeit bis hin zu Gleichgewichtsstörungen oder Ödembildung sind die Probleme, die eine Herz-Kreislauf-Schwäche mit sich bringt. Aber auch jüngere Hunde können an einer Herzmuskelschwäche (einer sogenannten Herzinsuffizienz) leiden. Manchmal kommen auch Welpen bereits mit einem angeborenen Herzfehler zur Welt!

Achtung: Herzerkrankungen gehören immer in tierärztliche Behandlung! Ein Ultraschall des Herzens und ein EKG sind unumgänglich, um eine exakte Diagnose zu bekommen. Erst dann kann eine sinnvolle Behandlung erfolgen. Leichte bis mittelschwere Herz-Kreislauf-Erkrankungen können sehr gut mit Naturheilmitteln therapiert werden. Eine Kombination aus schulmedizinischer und naturheilkundlicher Behandlung verspricht bei schweren Erkrankungen die besten Erfolge.

Gerade bei Herz-Kreislauf-Erkrankungen spielen die richtige Ernährung und die Vermeidung von Übergewicht eine große Rolle – bitte lassen Sie sich dahingehend ausgiebig beraten. Es macht sicherlich wenig Sinn, zu therapieren, wenn über die Ernährung das Herz-Kreislauf-System stark belastet und so der positive Einfluss der Therapie zunichte gemacht wird.

▷ Klassische Homöopathie

Arnica D3 bei Überanstrengung des Herzens, Schwäche, Zittern und deutlichem Herzklopfen, auch bei Kollaps.

Cactus D4 zur Stärkung der Herzleistung.

Carbo vegetabilis D6 bei Kreislaufschwäche, Kreislaufkollaps.

Crataegus D1 zur Verbesserung der Durchblutung, Stärkung der Herzleistung, bei Altersherz, nach Herzmuskelentzündungen und bei Herzschwäche nach Überanstrengungen. Dieses Mittel ist vor allem als Langzeitmittel bei chronischen Herz-Kreislauf-Problemen gedacht.

Digitalis D3 bei Herzproblemen mit Herzklopfen, Ödemneigung, Durchblutungsstörungen (kalte Extremitäten), geringem Urinabsatz (bitte beachten: Digitalis in niedriger Potenz bis D6 ist verschreibungspflichtig und muss vom Tierarzt verordnet werden!).

Kalmia D6 bei Herzrhythmusstörungen, Herzschwäche, bei entzündlichen Erkrankungen, die Schäden am Herzen verursacht haben (Infektionen), häufig gleichzeitig Gelenkschmerzen.

Veratrum album D6 bei Kreislaufkollaps nach Unfall oder Schock (im Idealfall in Verbindung mit Arnica).

▷ Komplexmittel

Cralonin Tropfen, mehrmals täglich bei ausgeprägter Herzinsuffizienz.

Cactus compositum bei Herzschwäche und Herzproblemen während Infektionskrankheiten.

Crataegutt bei Herzschwäche, zur Herzstärkung.

Regucoronar zur Kräftigung des Herzens bei Altersherz oder Durchblutungsstörungen, auch bei entzündlichen Herzerkrankungen.

Traumeel bei Kreislaufkollaps, zur Stabilisierung des Kreislaufs nach Schock oder Unfall.

Traumisal zur Kreislaufunterstützung nach Unfällen, Operationen, Schocksituationen.

▷ Schüßler-Salze

Calcium fluoratum bei bekanntem Herzklappenfehler.

Calcium phosphoricum zur Herzstärkung, bei Kreislaufschwäche.

Kalium phosphoricum bei nervösen Herz-Kreislauf-Beschwerden.

Magnesium phosphoricum zur Herzstärkung bei nervösen Herz-Kreislauf-Beschwerden.

Natrium chloratum zur Herzstärkung, bei Herzrhythmusstörungen und Kreislaufbeschwerden.

Silicea zur Stärkung der Herzmuskeln.

▷ Bachblüten

Eine **Mischung aus Elm**, **Mustard und Wildrose** sorgt für Beruhigung bei allen nervösen Herz-Kreislauf-Problemen.

Aspen bei nervösen Herzbeschwerden.

Olive bei Herzinsuffizienz mit gestörter Sauerstoffversorgung.

Rock Rose bei Kreislaufproblemen durch Panik-Attacke.

Star of Bethlehem bei Herzproblemen nach Verlust und Trauer (Broken Heart Syndrom).
Rescue Remedy bei akutem Herz-Kreislauf-Kollaps.

▷ Pflanzenheilkunde

Frauenmantel, **Königin der Nacht** und **Weißdorn** zur Herzstärkung.
Mistel zur Kräftigung des Herzens, vor allem bei Altersherz.
Rosmarin, **Schafgarbe** und **Weißdorn** zur Kreislaufunterstützung.
Baldrian, **Johanniskraut**, **Melisse** und **Passionsblume** zur Beruhigung bei nervösen Herz-Kreislauf-Beschwerden.

> **Tipp:** In einigen Nahrungsergänzungsmitteln sind neben den oben aufgeführten Kräutern auch gleichzeitig alle für Herz und Kreislauf relevanten Vitamine und Mineralien enthalten (beispielsweise Cardio Komplex von vet-concept, HerzAgil von cdVet, HerzVital von Anibio).

▷ Magnetfeldtherapie

Zweimal täglich darf der Hund zur Unterstützung von Herz und Kreislauf sowie zur Verbesserung der Durchblutung auf die Ganzkörpermatte.

Lebererkrankungen

Die Leber spielt eine große Rolle im Stoffwechsel. Deshalb ist bei einer Erkrankung der Leber immer der gesamte Körper betroffen. Da die Leber im Gegensatz zu anderen Organen eine starke Regenerationsfähigkeit besitzt, zeigen sich Symptome häufig erst, wenn das Organ bereits stark geschädigt ist. Die Leber als Entgiftungsstation des Körpers ist in starkem Maße von Erkrankungen anderer Organe betroffen. In den meisten Fällen sind Leberprobleme „hausgemacht" – durch falsches, zu fettes oder minderwertiges Futter, zu viele synthetische Vitamine, chemische Futterzusätze, Medikamente oder schlichtweg zu viel Stress und Frust.
Die Symptome einer Lebererkrankung sind meist Müdigkeit, Juckreiz und Unverträglichkeit von Fett. Es können aber noch zahlreiche andere Symptome wie zum Beispiel Verhaltensänderungen, Fell- und Krallenprobleme, Verspannungen, wechselnder Appetit und vor allem Ohrenentzündungen auftreten. Deshalb sollte bei unklaren Symptomen, oder wenn der Hund

einfach nicht ganz gesund wirkt, immer auch an die Leber gedacht werden. Ein ganzheitlich arbeitender Therapeut oder Tierarzt wird anhand der Symptome relativ schnell auf die Leber kommen. Bei einer Gelbfärbung der Augenbindehaut, dunkelgelbem Urin, Abmagerung oder ständig hell-gelblichem Kot sollten unbedingt die Leberwerte mittels einer Blutuntersuchung kontrolliert werden.

> **Hinweis:** Eine gesunde Ernährung ist der wirksamste Schutz vor Lebererkrankungen!

▷ Klassische Homöopathie

Carduus marianus D6 wirkt leberanregend. Bei Leberentzündungen, fördert den Gallenfluss und unterstützt die Leber bei der Regeneration.
Chelidonium D6 regt die Leber- und Gallenfunktion an.
Flor de Piedra D4 hilft Leber und Niere beim Entgiften, zur Stoffwechsel-Entgiftung.
Lycopodium D6 bei akuten und chronischen Lebererkrankungen, reguliert den Leberstoffwechsel.
Nux vomica D6 bei Funktionsstörungen der Leber durch Medikamente, Vergiftungen oder falschem/zu viel Futter.
Taraxacum D4 bei Gelbsucht oder Leberentzündung, wirkt auf Galle und Leber, regt den Leberstoffwechsel an und wirkt leberentgiftend.

▷ Komplexmittel

Carduus compositum bei akuten Leberfunktionsstörungen, Leberschaden.
Flor de Piedra D4 als Leber- und Gallenfunktionsmittel.
Hepar compositum bei akuten und chronischen Leber-Galle-Funktionsstörungen, Anregung der Leberzellfunktion.
Hepavet als Leber- und Gallemittel.
Hepeel bei Leberfunktionsstörungen.
Rumisal bei Verdauungsstörungen mit gelbem Durchfall.

▷ Schüßler-Salze

Ferrum phosphoricum zur Leberstärkung bei akuten Entzündungen.
Kalium chloratum bei Lebererkrankungen, zur Leberstärkung.
Kalium phosphoricum bei Gelbsucht.
Kalium sulfuricum zur Anregung der Lebertätigkeit bei chronischen Leberfunktionsstörungen, Juckreiz, Gelbsucht, Leberschwellung.

Natrium sulfuricum zur Anregung der Lebertätigkeit bei Leberschwellung, Gelbsucht und beginnender Schrumpfleber.
Silicea bei Gelbsucht.

▷ Bachblüten

Agrimony zur Leberentlastung.
Beech, wenn die Lebererkrankung Aggression auslöst.
Centaury zur Stärkung der Leberfunktion.
Chicory zur Stärkung der Leberfunktion.
Holly bei Aggression mit Leberfunktionsstörung.
Hornbeam, wenn die Leberschwäche müde und interessenlos macht.
Mimulus bei Leberschwäche aus Angst oder Kummer.
Olive, wenn die Leberprobleme müde und abgeschlagen machen.
Vine bei Lebererkrankungen, wenn der Hund alleine sein möchte und sich zurückzieht.
Water Violet, wenn die Lebererkrankung den Hund mürrisch und eigenbrötlerisch macht.

▷ Pflanzenheilkunde

Artischocke zur Gallenunterstützung, wirkt verdauungsfördernd.
Die Verfütterung von frischem **Löwenzahn** wirkt leberschützend sowie leber- und nierenanregend.
Mariendistelsamen zur Regeneration der Leberzellen, als Leberschutz, bei Hepatitis.

> **Tipp:** Geben Sie Ihrem leberkranken Hund immer ein hochwertiges Öl (essenzielle Fettsäuren) ins Futter und füttern Sie mehrere kleine Mahlzeiten am Tag. Wichtig ist eine fettreduzierte Kost!

▷ Wickel und Umschläge

Warme Umschläge auf die Lebergegend regen den Leberstoffwechsel an.
Leinsamenauflagen bei Leberschwellung.
Weißkraut-Wickel zur Entlastung und Entgiftung.

▷ Magnetfeldtherapie

Einmal täglich Ganzkörpermatte zur Anregung des Stoffwechsels. Mehrmals täglich Kissen-Anwendung auf der Leberregion.

Magen-Darm-Probleme

Es gibt kaum einen Hund, der nicht gelegentlich mit Durchfall, Verstopfung oder Erbrechen zu kämpfen hat. Eine große Rolle in der Zunahme von Verdauungsproblemen spielt sicherlich die Ernährung. Nach wie vor werden Hunde mit wechselnden oder ungeeigneten Futtersorten, minderwertigem Futter oder sogar vom Tisch gefüttert. Das Katzenfutter schmeckt ihm einfach lecker und die Kinder teilen solidarisch ihre Süßigkeiten mit dem vierbeinigen Familienmitglied … Ein Alptraum für den Verdauungstrakt des Hundes. Denn nicht alles, was Ihrem Hund schmeckt, bekommt ihm auch! Da Liebe aber bei uns Menschen häufig „durch den Magen" geht, landet immer wieder Leberwurstbrot oder die sonntäglichen Spätzle mit Soße im Hundemagen. Leider büßen das die meisten Hunde mit Problemen wie Bauchspeicheldrüsenentzündungen oder -insuffizienzen, Lebererkrankungen und Magengeschwüren bis hin zur insulinpflichtigen Diabetes. Viele dieser Probleme sind vermeidbar. Gelegentlich sind aber auch rassebedingte Verdauungsschwächen, Überforderung oder psychische Probleme, Medikamente, Parasiten oder Unverträglichkeiten die Ursache für Magen-Darm-Probleme.

Bei allen Magen-Darm-Problemen gilt: Schonkost im akuten Fall! Wenn Ihr Hund nicht fressen mag, dann ist das völlig in Ordnung. Ihr Hund weiß genau, dass Fasten oder Diätfutter jetzt am besten ist.

▷ Klassische Homöopathie

Abrotanum D6 bei Durchfall wegen Wurmbefall, Umstimmung des Darmmilieus.

Arsenicum album D12 bei faulig/übel riechendem Kot, nach Aufnahme von verdorbenem Futter, bei Vergiftungsanzeichen, der Hund hat großen Durst, trinkt aber nur kleine Mengen und erbricht häufig sofort wieder.

Bryonia D12 bei Erbrechen nach zu viel Futter, wenn zu schnell gefressen wurde, großer Durst, Hunger trotz Übelkeit.

Chamomilla D4 bei gallig-gelbem Erbrechen mit Krämpfen.

Mercurius solubilis D12, wenn der Durchfall wund macht und ständiger Drang vorhanden ist.

Nux vomica D12 bei Durchfall oder Erbrechen/Magenschleimhautentzündung mit Erbrechen nach Aufnahme von Unverträglichem wie Speisereste, Süßigkeiten oder zu viel Fett oder Aufnahme von Unverdaulichem wie Holz,

Stoff, Steine usw. Auffällige Blähungen, Erbrechen oder Durchfall nach Medikamenten.

Okoubaka D6 bei Durchfall oder Erbrechen nach Aufnahme von Dreck, Toxinen oder falschem Futter.

Ipecacuanha D6, wenn viel weißer Schaum erbrochen wird, mit heftigem Würgen, Erbrechen von unverdautem Futter, Erbrechen nach Medikamenten.

Podophyllum D6 bei wässrigem, gelblichem oder grünlichem Kot, unverdautem Kot.

Veratrum album D12 bei Magen-Darm-Entzündung.

▷ Komplexmittel

Diarrheel bei akuten und chronischen Durchfällen, Magen-Darm-Entzündung.

Dysenteral bei Durchfallerkrankungen.

Gastricumeel bei Magenschleimhautentzündungen, Magengeschwüren.

Nux vomica-Homaccord bei Magen-Darm-Leber-Funktionsstörungen.

Regu-Enteral bei Verdauungsstörungen mit oder ohne Leberbeteiligung.

Regugastrin bei nervösem Magen, Magenschleimhautentzündung, Magengeschwüren, Übelkeit mit viel Speichel.

Rumisal: bei Verdauungsstörungen mit Erbrechen, Durchfall und Bauchkrämpfen, Durchfall ist gelb-grünlich.

Vomisal bei starkem Erbrechen, starkem Würgereiz, häufig mit gleichzeitigem Durchfall, Erbrechen als Begleiterscheinung einer Bronchitis.

▷ Schüßler-Salze

Calcium phosphoricum bei Durchfall nach falschem Futter, stinkendem Durchfall.

Ferrum phosphoricum bei Magenschleimhautentzündung, Erbrechen nach der Futteraufnahme. Wenn sich Durchfall mit Verstopfung abwechselt, lehmig-schleimiger Durchfall mit unverdautem Futter.

Kalium phosphoricum bei Durchfall nach Stress oder Angst, häufigem Stuhldrang, Reizdarm beim nervösen Hund.

Magnesium phosphoricum bei akuter Magenschleimhautentzündung mit sichtlichen Krämpfen, bei nervösen Magenbeschwerden.

Natrium chloratum bei vermehrtem Durst und auffallend starkem Speichelfluss, bei nervösen Magenproblemen, wenn der Magen stark übersäuert ist.

Natrium phosphoricum bei Durchfall nach zu viel Fett, säuerlichem Durchfall, nervösem Magen, Übelkeit mit vermehrtem Speichel, zu wenig Magensäure, das Futter wird unverdaut erbrochen.

Natrium sulfuricum bei Durchfall durch Wurmbefall, wechselt sich mit Verstopfung ab, häufig Erbrechen mit dabei.

▷ Bachblüten

Aspen bei Erbrechen oder Durchfall durch Angst.
Chestnut Bud für darmempfindliche Hunde.
Crap Apple bei Unverträglichkeit bestimmter Nahrungsmittel mit Durchfall oder Erbrechen, zur Ausleitung von Giftstoffen.
Elm und **Holly** bei Durchfall nach Stress und nervösen Magen-Darm-Problemen.
Mimulus bei Verdauungsproblemen durch Angst.
Rock Rose bei akuter Magenschleimhautentzündung nach großer nervlicher Belastung oder Panik.

▷ Pflanzenheilkunde

Lösen Sie 1 Esslöffel **Heilerde** in 1 Liter Flüssigkeit auf und mischen Sie etwas davon (je nach Größe des Hundes 1 Esslöffel bis 1 Tasse) unter das Futter oder den Tee, um Giftstoffe zu binden.
Brombeerblätter und **Himbeerblätter** bei Magenproblemen.
Kamille wirkt entzündungshemmend.
Kümmel wirkt krampflösend.
Eichenrinde wirkt entzündungshemmend.
Fenchel beruhigt Magen-und Darmschleimhaut.
Getrocknete **Heidelbeeren** wirken entzündungshemmend und krampflösend.
Melisse wirkt krampflösend und schmerzlindernd.
Spitzwegerich wirkt entzündungshemmend und antibakteriell.
Tee aus **Schwarztee**, **Fenchel** und **Kamille** wirkt entzündungshemmend und krampflösend.
Tee mit **Anis**, **Kümmel** und **Tausendgüldenkraut** wirkt bei Magenproblemen.
Haben Sie keine Kräuter im Haus, so können Sie Ihrem Hund natürlich auch einen **Magen-Darm-Tee** anbieten.

Tipp: Geben Sie Ihrem Hund bei allen bakteriellen Durchfällen Kohletabletten, damit die Giftstoffe im Darm gebunden werden und nicht in den Stoffwechsel gelangen. Je nach Größe des Hundes 2 bis 6 Tabletten pro Tag. Nach jedem Durchfall sollte ein Probiotikum verabreicht werden, um das Darmmilieu wieder aufzubauen (zum Beispiel Intestinum Liquid von vetconcept, Darm-Probiotic von Anibio).

▷ Wickel und Umschläge

Wärme in jeglicher Form wirkt gegen die Blähungen und entspannt den Darm, lindert Magenschmerzen und beruhigt den Verdauungstrakt.
Warmes **Kirschkernkissen.**
Feuchte Wickel.
Heublumen-Umschlag.

Nierenerkrankungen

Nierenerkrankungen entstehen häufig als Begleiterscheinung nach einer vorangegangenen Infektionserkrankung. Aber auch nach Aufnahme von Giftstoffen, nach Verkühlung oder als Folge von Schock oder Unfall können Nierenprobleme auftreten.

Hinweis: Bei allen Nierenproblemen muss die Ernährung angepasst werden: salzarm, wenig Fleisch und leicht verdaulich. Wichtig ist eine ausreichende Flüssigkeitszufuhr.

▷ Klassische Homöopathie

Apis D4 bei akuten bis subakuten Fällen einer Nierenentzündung, Nierenschwellung, Ödembildung, massig Eiweiß im Urin (im Idealfall im Wechsel mit Cantharis verabreichen).
Berberis D6 bei akuter bis subakuter Nierenentzündung, als Folgemittel, bei ausgeprägter Empfindlichkeit in der Nierenregion, Urin ist trüb, rötlich-schleimig oder flockig.
Cantharis D6 bei akuter Nierenentzündung, häufiges Urinabsetzen in kleinen Mengen, manchmal mit erfolglosem Harndrang, gelegentlich mit zusätzlicher Blasenentzündung.
Dulcamara D4 bei Nierenentzündung nach Verkühlung.
Solidago D6 bei Nierenentzündungen durch Giftstoffe, zur Anregung der Nierenfunktion und Regeneration, bei beginnender Harnvergiftung.
Terebinthina D4 bei infektionsbedingten Nierenschädigungen, auffallend süßlichem Geruch des Urins, Blutbeimengungen, häufig zusätzlich Hautausschlag.

▷ Komplexmittel

Apis-Homaccord bei Ödembildung.
Berberis-Homaccord bei subakuten bis chronischen Nierenentzündungen.
Reneel bei entzündlichen Nierenerkrankungen.
Solidago compositum zur Anregung der Nierenfunktion und Regeneration.

▷ Schüßler-Salze

Calcium sulfuricum bei chronischen Nierenentzündungen.
Ferrum phosphoricum bei akuten Nierenentzündungen im Anfangsstadium.
Kalium phosphoricum zur Stärkung der Nierenfunktion.
Kalium sulfuricum zur Stärkung der Nierenfunktion bei chronischen Nierenentzündungen.
Magnesium phosphoricum bei Nierenkoliken.
Natrium chloratum zur Stärkung der Nierenfunktion bei chronischen Nierenentzündungen.
Natrium phosphoricum zur Stärkung der Nierenfunktion bei chronischen Nierenentzündungen.

▷ Bachblüten

Elm, **Mimulus**, **Heather** und **Mustard** zur Nierenentschlackung.
Olive zur Stärkung der Nieren.

▷ Pflanzenheilkunde

Indischer Blasentee, eine Mischung aus Goldrute und Orthosiphon.
Tee aus **Birkenblättern**, **Brennnessel** und **Zinnkraut** regt die Harnbildung und Ausscheidung an und wirkt ausschwemmend bei Ödemen.
Löwenzahn zur Leber- und Nierenentschlackung.
Goldrutenkraut und **Beinwellwurzel** als Tee zur Behandlung bei Blut im Urin.

▷ Wickel und Umschläge

Warme Wickel und Umschläge auf der Nierenregion sind generell angezeigt.
Kohl-Wickel zur Anregung der Nierenfunktion und Nierenreinigung.
Heublumen-Wickel zur Linderung bei Koliken.

▷ Magnetfeldtherapie

Mehrmals täglich lokale Anwendung mit dem Kissen im Nierenbereich zur Schmerzlinderung und Anregung der Nierenfunktion. **Achtung:** nicht bei akuten Entzündungen mit hohem Fieber.

Ohrenentzündungen (Otitis)

Eine Entzündung des äußeren Gehörgangs ist für den Hund sehr unangenehm, zumal es oft entweder sehr langwierig oder gar chronisch wird. Auch ein Übergang in eine Mittelohrentzündung mit Beteiligung des Trommelfells ist möglich. Deshalb sollte jede Ohrenentzündung schnellstmöglich und vor allem ausreichend lange therapiert werden. Die Ursachen für eine Ohrenentzündung reichen von Zugluft über Parasiten bis hin zu Stoffwechselerkrankungen. Aber auch rassebedingte Dispositionen bei allen langohrigen Hunden sind eine häufige Ursache. Bei einseitigen Ohrenentzündungen sollten Sie einen ganzheitlich therapierenden Tierarzt oder Tierheilpraktiker aufsuchen, da hier gelegentlich eine Stoffwechselerkrankung vorliegt und das Ohr nur als „Ventil zur Giftstoffausscheidung" dient.

Die Symptome einer Ohrenentzündung reichen von Juckreiz mit Kopfschütteln, vermehrtem Kratzen und Reiben am Ohr, vermehrter Ohrenschmalzbildung, übel riechendem, massenhaften Sekret bis hin zur Kopfschiefhaltung. Wichtig: Bei Kopfschiefhaltung und großer Schmerzhaftigkeit am Ohr muss der Hund einem Tierarzt vorgestellt werden, da eine Mittelohrentzündung wahrscheinlich ist. Dasselbe gilt natürlich auch bei Verdacht auf einen Fremdkörper im Ohr! Hier bitte keinesfalls selbst versuchen, Dinge aus dem Ohr zu entfernen oder mit einem Wattestäbchen im Ohr herumzustochern!

> **Tipp:** Eine regelmäßige Reinigung des Ohres (alle 2 bis 3 Wochen) mit einem geeigneten, milden Ohrenreiniger sollte prinzipiell durchgeführt werden. Dies gilt vor allem bei Hunden mit Hängeohren oder Tieren, die generell eine Tendenz zu Ohrenentzündungen haben.

Als Folge einer Ohrenentzündung kann es zum sogenannten **Blutohr** kommen. Durch das Schütteln oder wenn der Hund beim Schütteln mit dem Ohr einen Gegenstand trifft, öffnet sich ein Blutgefäß. Da das Ohr aus zwei Häuten besteht, sickert das Blut mit Lymphflüssigkeit zwischen die Häute und das Ohr schwillt an. Hier ist eine Therapie mit Blutegeln empfehlenswert: Die kleinen „Helferchen" haben in meiner Praxis schon vielen Hunden die Operation des Blutohres erspart. Voraussetzung ist, dass sich der geschwollene Bereich noch nicht hochgradig entzündet hat und dann sehr schmerzhaft ist. In diesem Fall lässt sich selbst der geduldigste Hund keinen Blutegel mehr ansetzen.

▷ Klassische Homöopathie

Belladonna D6 bei akuter Ohrenentzündung im Anfangsstadium, auch mit Fieber.

Calendula D3 bei Ohrenentzündungen mit reichlich wundmachendem Sekret.

Graphites D4 bei Ohrenentzündungen mit honigartigem, mildem und übel riechendem Sekret, vor allem bei dicken, gefräßigen Hunden (Konstitutionsmittel), bei Überproduktion von Ohrenschmalz.

Hepar sulfuris D6 bei eitriger Ohrenentzündung, das Sekret riecht nach altem Käse, das Ohr ist hochgradig berührungs- und schmerzempfindlich.

Mercurius solubilis D12 bei gerötetem und geschwollenem Gehörgang, scharfem, wundmachendesm und übel riechendem Sekret, das sehr zäh und klebrig ist.

Petroleum D6 bei verdicktem, trockenem und rissigem Ohr mit viel Ohrenschmalz, Entzündung vor allem im Winter.

Psorinum D30 bei wundmachendem, bräunlich-gelbem Sekret, hartnäckiger Entzündung vor allem im Winter, Sekret riecht nach gekochtem Fleisch.

Pulsatilla D4 bei Ohrenentzündung mit gelbgrünem, dickflüssigem Sekret, vor allem bei freundlichen, gutmütigen und anhänglichen Hunden (Konstitutionsmittel).

Sulfur D12 als Zwischenmittel oder um eine Reaktion anzuregen. Der Gehörgang ist rot und schuppig, Juckreiz. Vor allem bei chronischem Geschehen.

Thuja D6 bei Juckreiz und Schütteln wegen Warzen im Ohr.

▷ Komplexmittel

Belladonna-Homaccord bei akuten Entzündungen mit oder ohne Fieber.

Engystol zur Anregung des Immunsystems, der Gehörgang ist gerötet.

Mercurius-Heel bei akuten, schmerzhaften Entzündungen mit wundmachendem und scharfem Sekret.

Traumeel bei Entzündungen mit nässendem oder eitrigem Sekret, auch flüssig oder als Salbe äußerlich anwenden.

Staphylosal bei eitrigen Entzündungen.

▷ Schüßler-Salze

Calcium sulfuricum bei Ohrenentzündungen.

Ferrum phosphoricum im akuten Stadium einer Otitis.

Kalium chloratum bei Ohrenentzündungen.

Kalium sulfuricum bei Entzündungen mit stinkendem Sekret.
Magnesium phosphoricum bei übel riechendem Sekret.
Natrium phosphoricum bei übel riechendem Sekret.
Silicea bei chronischen Ohrenentzündungen, zusammen mit Graphites bei frischen Narben am Ohr.

▷ Bachblüten

Centaury, **Crab Apple** und **Walnut** bei Ohrmilben.
Holly bei Entzündungen.
Rescue Remedy vor der Behandlung des Ohres, bei großer Schmerzhaftigkeit als Begleittherapie.

▷ Pflanzenheilkunde

Calendula oder **Echinacea** als Salbe (äußerlich) oder verdünnte Tinktur (Calendula auch innerlich bei Milben) zur Behandlung wunder Stellen am äußeren Ohr.
Ohrenpflege mit **Neemöl**, **Lavendel**, **Geraniumöl** und **Teebaumöl** (zum Beispiel cdVet Ohrenpflege) wirkt antibakteriell, pilzhemmend, gegen Milben, entzündungshemmend und wundheilend.

▷ Wickel und Umschläge

Ein **Kartoffel-Umschlag** ist Omas Geheimtipp bei Ohrenschmerzen.
Weißkraut-Wickel bei Ohrenentzündungen.

▷ Magnetfeldtherapie

Mehrmals täglich Kissen-Anwendung zur Schmerzlinderung und Aktivierung der Heilung.

Reisekrankheit

Autofahren verträgt nicht jeder Hund. Vielen Hunden wird schlicht und ergreifend speiübel, sobald sich das Auto in Bewegung setzt. Versuchen Sie auch, neben der Gabe von Naturheilmitteln, Ihren Hund im Auto anders unterzubringen. Häufig wird nämlich gerade den Hunden übel, die viel Bewegungsfreiheit im Fahrzeug haben. Eine Transportbox wirkt da manchmal Wunder und bringt für Hund und Fahrer deutlich mehr Sicherheit. Ich kenne dies aus eigener Erfahrung: Seit unser Hund in eine kleinere Transportbox umgezogen ist, erübrigt sich die Mittelgabe.

▷ Klassische Homöopathie

Cocculus D4 bereits einige Tage vor einer längeren Reise 2x täglich verabreichen. Reisekrankheit mit viel Speicheln, Erbrechen, manchmal Urin- und Kotabsatz im Auto. Hund sitzt völlig verängstigt und bewegungslos im Auto und erholt sich nach einer Fahrt nur sehr langsam.

Nux vomica D6 bei Übelkeit mit Erbrechen, der Hund ist im Auto sehr unruhig, hechelt, zittert, muss sich ständig bewegen.

Petroleum D6 gegen Reisekrankheit. Der Hund erbricht, wenn das Fahrzeug sich bewegt, hält es an, ist er schnell wieder fit und zeigt häufig sogar Appetit (auch im Wechsel mit Cocculus).

▷ Komplexmittel

Cocculus-Homaccord bei Reisekrankheit, wenn möglich, bereits einige Tage vor einer geplanten Autofahrt verabreichen.

Vertigoheel kurz vor und während der Fahrt zu verabreichen, wenn der Hund erbricht und ihm sichtlich übel ist.

▷ Schüßler-Salze

Magnesium phosphoricum bei akuter Reisekrankheit alle 2 Minuten verabreichen, bis sich der Zustand bessert.

Natrium phosphoricum, wie Magnesium phosphoricum, hilft aber häufig auch, wenn es vorbeugend 4x täglich vor einer geplanten Fahrt verabreicht wird.

Natrium sulfuricum bei Reisekrankheit mit Erbrechen akut alle 2 Minuten geben, bis es dem Hund besser geht.

▷ Bachblüten

Rescue Remedy-Notfallmischung.

Cherry Plum oder **Rock Rose** bei Übelkeit mit Zittern und Angst.

Scleranthus bei Übelkeit mit Gleichgewichtsstörungen.

▷ Pflanzenheilkunde

Beruhigungstee aus der Apotheke.

Calma Tropfen von cdVet, eine Fertigmischung zur Beruhigung.

X-Stress von Anibio, mehrere Tage vor einer Reise verabreichen.

Scheinträchtigkeit

Die Scheinträchtigkeit ist eine hormonelle Störung der Hündin mit allen Verhaltensweisen und Anzeichen einer Trächtigkeit, ohne dass das Weibchen tatsächlich trächtig ist.

Die Symptome reichen von Verhaltensänderungen bis hin zur Absonderung von Milch und einem geschwollenem Gesäuge. Ist bei einer Hündin einmal nach der Läufigkeit eine Scheinträchtigkeit aufgetreten, so wird dies nun voraussichtlich nach jeder Läufigkeit geschehen. Bei deutlichem Ausfluss nach der Läufigkeit, fiebriger Milchleistenentzündung oder Schmerzen gehen Sie bitte umgehend zum Tierarzt oder Therapeuten.

Wenn Ihre Hündin ein ausgeprägtes Nestverhalten mit „Bemuttern" von Spielsachen oder Kuscheltieren zeigt, entfernen Sie diese bitte umgehend, da es die Scheinträchtigkeit nur verstärkt. Halten Sie ihr Tier bitte auch vom ausgiebigen Belecken der Milchleisten ab, da dadurch die Milchproduktion nur noch mehr angeregt wird.

Hinweis: Bitte gehen Sie sofort zum Tierarzt, wenn Sie bei Ihrer Hündin Anzeichen einer Gebärmuttervereiterung feststellen. Die Anzeichen können sein: viel trinken, appetitlos, schwach und abgeschlagen, eventuell Scheidenausfluss.

▷ Klassische Homöopathie

Asa foetida D6 bei Scheinträchtigkeit mit großer Unruhe der Hündin, reizbar und ängstlich manchmal sogar hysterisch.

Ignatia D12 bei Nestbau und übersteigertem Beschützen von „Ersatzwelpen" wie Spielzeug oder Kuscheltiere, nur geringe Gesäugeausbildung, die Tiere jammern viel und sind unruhig. Die Hündin leidet psychisch sichtbar!

Ignatia D200 einmal wöchentlich sofort nach der Läufigkeit für mindestens 10 Wochen kann die Scheinträchtigkeit vermeiden, wenn das Tier die oben genannten Symptome bei der letzten Scheinträchtigkeit gezeigt hat.

Lilium tigrinium D6, kaum Milchsekretion, aber große Unruhe v. a. nachts.

Phytolacca D1 bei geschwollenem Gesäuge.

Phytolacca D4 ist das Hauptmittel bei Gesäugeentzündung, bei knotigen Verhärtungen.

Pulsatilla D30 eine Woche lang 3x täglich bei bereits eingesetzter Scheinträchtigkeit. Die Hündin ist sehr liebesbedürftig und anhänglich.

▷ Komplexmittel

Hormeel zur Regulierung des Hormonhaushaltes.
Regulzyst zur Regulierung des Zyklus.
Regumetral zur Regulierung des Gebärmutterstoffwechsels und der Milchdrüsenfunktion.

▷ Schüßler-Salze

Calcium fluoratum bei Verhärtung der Brustdrüsen.
Ferrum phosphoricum bei Gesäugeentzündung, Milchbildung und Gefahr einer Gebärmutterentzündung.
Kalium phosphoricum bei Gesäugeentzündung mit Fieber.
Natrium phosphoricum bei Gesäugeentzündung.

▷ Bachblüten

Chestnud Bud bei langanhaltender Läufigkeit.
Red Chestnut bei übermäßigem Nestbauen und großem Getue um den „Welpenersatz", kommt nicht zur Ruhe und steigert sich in die Scheinträchtigkeit hinein.
Star of Bethlehem bei Depressionen, großer Traurigkeit.

▷ Pflanzenheilkunde

Brombeerblätter wirken regulierend auf die Gebärmutterschleimhaut.
Frauenmantel wirkt regulierend auf die Schleimhäute und die Hormone.
Johanniskraut zur Beruhigung, wirkt abschwellend und antibakteriell.
Tee aus **Hopfenzapfen**, **Johanniskraut**, **Melisse**, **Schafgarbe** und **Spitzwegerich** bei Gesäugeentzündungen.

▷ Wickel und Umschläge

Kalte **Essig-Umschläge** bei Gesäugeentzündungen, um die Entzündung „rauszuziehen".
Kamillen-Umschläge bei Gesäugeentzündungen lindern Schmerzen.
Ringelblumen-Umschläge bei Gesäugeentzündungen lindern Schmerzen.
Kohlblätter-Auflagen bei Gesäugeentzündung.

▷ Magnetfeldtherapie

Tägliche Ganzkörpermatten-Anwendung zur Regulierung des Hormonhaushaltes über mindestens 1 Woche. Kissen und Stab lokal bei Gesäugeentzündungen, mehrmals täglich.

Verstopfung

Falsche Fütterung (zum Beispiel zu viele Knochen), Wurmbefall, gestörte Darmflora, Bewegungsmangel, Stress, aber auch schmerzhafte Prozesse wie eine Analdrüsenentzündung oder Probleme mit der Wirbelsäule können zur Verstopfung führen. Viele schwerfällige, übergewichtige oder alte Hunde neigen zu immer wieder auftretenden Verstopfungen. Hier muss in erster Linie eine Futterumstellung erfolgen und der Hund mehr bewegt werden. Viele Hunde können sich prinzipiell erst lösen, wenn sie einen längeren Spaziergang hinter sich haben.

> **Hinweis:** Bitte suchen Sie sofort einen Tierarzt auf, wenn Ihr Hund Anzeichen eines Darmverschlusses mit beschleunigter Atmung, Erbrechen, Appetitlosigkeit und deutlich gespanntem Bauch zeigt.

▷ Klassische Homöopathie

Alumina D8 bei älteren Tieren mit chronischer Verstopfung, meist sehr mager, neigen zu Hautausschlägen.

Bryonia D6, Kot ist großballig, hart und trocken, sieht aus wie verbrannt, großer Durst, meist Jungtiere mit insgesamt zu trockenen Schleimhäuten.

Graphites D6 bei übergewichtigen und gefräßigen Hunden, die zu Ekzemen neigen und immer wieder Verstopfung haben (Konstitutionsmittel).

Magnesium phosphoricum D6, Kot ist klein, hart und bröselig, sichtbarer Muskelkrampf des Afterrings.

Nux vomica D6 bei akuter Verstopfung (stündlich 5 Globuli bis zum Kotabsatz, danach mehrere Tage 3x täglich zur Regulierung der Darmtätigkeit) mit Blähungen und „Rumpeln" im Bauch, sichtbaren Bauchschmerzen, gekrümmtem Rücken, der Bauch ist hart.

Plumbum aceticum D6 bei Verstopfung ohne Kotdrang, schlaffer Darmlähmung, Bauch ist angespannt und wird eingezogen.

Pulsatilla D6, wenn sich Verstopfung und Durchfall abwechseln.

▷ Komplexmittel

Nux vomica-Homaccord bei Darmfunktionsstörungen mit Kotdrang, häufig vergeblich.

Spascupreel oder **Spasmovetsan N** bei Verstopfung mit sichtbaren Bauchkrämpfen, krampflösend.

Regu-Enteral bei Darmfunktionsstörung.
Rumisal bei Verstopfung als Folge von gestörter Darmfunktion, Leber-erkrankungen oder Wirbelsäulenproblemen.

▷ Schüßler-Salze

Kalium chloratum bei Verstopfung.
Magnesium phosphoricum bei Verstopfung vor allem beim Jungtier.
Natrium phosphoricum bei Verstopfung nach zu fettem Futter mit Bauch-krämpfen.
Natrium sulfuricum, wenn Verstopfung und Durchfall sich abwechseln.
Verstopfung als Folge von Wurmbefall.

▷ Bachblüten

Chestnut Bud, allgemein für darmempfindliche Hunde.
Scleranthus, wenn sich Durchfall mit Verstopfung abwechselt.
Rescue Remedy als Begleittherapie bei ausgeprägten Bauchkrämpfen.

▷ Pflanzenheilkunde

Geben Sie zum Abführen 1 bis 3 Teelöffel **Rizinusöl** (je nach Größe des Hun-des) einmalig ins Futter.
Agar Agar Pulver (Reformhaus) als mildes Abführmittel.
Aloe lindert und unterstützt das Immunsystem.
Faulbaumrindentee als natürliches Abführmittel.
Flohsamen zur Regulierung der Verdauung.
Leinsamen reguliert die Darmtätigkeit.
Rhabarber bei Verstopfung und Durchfall zur Regulierung der Darmtätigkeit.
Weizenkleie zur Regulierung der Darmtätigkeit, verdauungsanregend.

▷ Wickel und Umschläge

Warme **feuchte Wickel** zur Entspannung bei Bauchkrämpfen und zur Anregung des Darms.
Kirschkernkissen zur Entspannung des Bauches.

▷ Magnetfeldtherapie

Mehrmals täglich das Kissen auf den Bauch legen und mindestens 20 Minu-ten behandeln.

Zahnprobleme/Zahnfleischentzündungen

Die meisten Zahnprobleme und Entzündungen des Zahnfleisches beim Hund sind – wie beim Menschen auch – sogenannte Zivilisationserkrankungen. Der Hund mit seinem Jagdbiss bekommt Dosenfutter oder eingeweichtes Trockenfutter und als Leckerli nicht selten Hundeschokolade statt einem Kauknochen – so ist die Entstehung von Zahnstein vorprogrammiert. Sicherlich ein Hauptgrund für die Entstehung von Zahnstein und den daraus resultierenden Folgen. Natürlich darf man aber auch einen Mangel an bestimmten Vitaminen oder Mineralstoffen nicht außer Acht lassen. Als erste Maßnahme bei der Behandlung von Zahn- oder Zahnfleischproblemen ist daher zunächst eine adäquate Ernährung des Hundes mit genügend festen Bestandteilen zum Beißen und Kauen.

Wenn der Zahnstein die Zähne allerdings bereits massiv befallen hat, so sollte er vom Fachmann entfernt werden. Danach muss allerdings einer erneuten Zahnsteinbildung vorgebeugt werden.

▷ Klassische Homöopathie

Borax D30 bei auffallend geschwollenem und blutigem Zahnfleisch, sehr schreckhafte Tiere.

Fragaria D3 verhindert die Zahnsteinbildung.

Kalium bichromicum D30 bei trockenem Maul mit Rissen, Zahnfleischentzündung und viel zähem Schleim im Mund.

Kreosotum D6 bei Karies.

Lachesis D12 bei Karies mit geschwürigen Entzündungen des Zahnfleisches.

Silicea D12 bei Zahnschmelzverlust, Verfärbung der Zähne, Zahnfleischentzündung.

▷ Komplexmittel

Chamomilla-Injeel, wenn die Entzündung des Zahnfleisches sehr schmerzhaft ist.

Kreosotum-Injeel bei starker Entzündung des Zahnfleisches, stinkender Geruch.

Mercurius solubilis Hahnemann Injeel bei vermehrtem Speichelfluss, Entzündungen und unangenehmem Geruch.

Traumeel Ampullen zum Bepinseln der entzündeten Bereiche.

▷ Schüßler-Salze

Die Schüßler-Salz-Therapie bei Zahnstein: **Calcium phosphoricum** und **Natrium phosphoricum** gleichzeitig über einen langen Zeitraum verabreichen.

Die Schüßler-Salz-Therapie bei Zahnfleischentzündungen: **Ferrum phosphoricum**, **Kalium phosphoricum**, **Silicea** und **Calcium sulfuricum** über mindestens 3 Monate zusammen verabreichen.

▷ Bachblüten

Centaury bei Zahnstein.
Chestnud Bud und **Sclerantus** zum Festigen lockerer Zähne.
Crab Apple bei Zahnstein (die Reinigungsblüte).
Larch bei Zahnfleischentzündungen.

▷ Pflanzenheilkunde

Rezeptur für **Zahnfleisch-Entzündungs-Sud**: 20 g Brombeerblätter, je 15 g Gänseblümchen-, Malven-, Rosmarin- und Salbeiblätter, 5 g Gewürznelken und 10 g Schachtelhalmkraut in ½ Liter Wasser für 10 Minuten kochen und dann abseihen. Das Zahnfleisch mehrmals täglich damit betupfen.
Ringelblumen-Essenz verdünnen und damit die entzündeten Stellen abtupfen.

> **Tipp:** Verwenden Sie Zahnpflege-Pasten, -Gels und -Lotionen auf Phytotherapie-Basis, z. B. Zahnpflege/Zahnpasta von cdVet, Vet-Concept oder Anibio, um Zahnstein oder Entzündungen vorzubeugen. Bei Zahnfleischentzündungen hat sich die Behandlung mit dem Maulhygienespray von cdVet ganz ausgezeichnet bewährt. Selbst bei Maulfäule konnte damit eine deutliche Verbesserung erreicht werden.

Tumorerkrankungen

Als Tumor wird zunächst einmal jegliche Zubildung innerhalb des Körpers oder auf der Haut bezeichnet, unabhängig davon, ob es sich hierbei um eine gutartige oder bösartige Geschwulst handelt. Leider wird wie beim Menschen auch beim Hund eine Zunahme im Auftreten von bösartigen Tumorerkrankungen verzeichnet. Da bei Tieren keine sogenannten Vorsorgeuntersuchungen durchgeführt werden, bemerkt man eine Tumorerkrankung eigentlich meistens erst dann, wenn bereits Krankheitssymptome auftreten. In der Fallaufnahme berichten die Besitzer häufig auch, dass die Beschwerden ganz plötzliche gekommen sind und der Hund vorher keinerlei Probleme gezeigt hat. Bei den oberflächlichen Hauttumoren dagegen wird bei vielen Hunden bereits im Anfangsstadium diagnostiziert, was natürlich die Behandlungsaussichten immens verbessert.

Bei allen Tumorerkrankungen gilt es zunächst, eine genaue und detaillierte Diagnostik mit Röntgen und/oder Ultraschall oder einer Biopsie durchzuführen, den Hund labordiagnostisch zu untersuchen und auch im Hinblick auf eine Metastasierung zu kontrollieren. Die Diagnose „Krebs" ist dann für die Mehrheit der Hundebesitzer zunächst einmal ein Schock! Hier möchte ich gerne etwas Grundsätzliches einfügen: Eine wirkungsvolle Therapie sollte sehr früh einsetzen, damit sie Erfolg haben kann. Aber: Überdenken Sie bitte in einer ruhigen Minute, ob die Therapie für ihr Tier auch zumutbar und vertretbar ist. Eine Chemo- oder Strahlentherapie, die nur ein begrenzt lebensverlängerndes Resultat bringt, sollte im Hinblick auf die Nebenwirkungen nicht durchgeführt werden. Einen Hund für mehrere Wochen durch eine Therapie zu quälen, damit er vielleicht 6 Monate länger (aber mit Einschränkung seiner Lebensqualität) lebt, ist garantiert nicht im Sinne ihres Hundes. Besteht die Aussicht auf Heilung, so sollte das in einem ausgiebigen Gespräch mit dem behandelnden Arzt besprochen werden. Auch eine chirurgische Intervention, also eine Operation des Tumors, sollte nur dann durchgeführt werden, wenn der Tumor gut abgegrenzt ist und somit eine komplette Entfernung möglich ist. Ist dies der Fall, so sollten Sie, wenn möglich, den Eingriff zeitnah durchführen lassen.

Zur Behandlung und Nachbehandlung gibt es zahlreiche Möglichkeiten – auch bei nichtoperablen Tumoren – zur Verbesserung der Lebensqualität und Einschränkung der Tumorausbreitung.

Ich möchte an dieser Stelle auf eine Therapie mit Reintoxinen aus verschiedenen Schlangengiften hinweisen, die in einigen Fällen ganz beachtliche

Erfolge vorweist. In meiner Praxis ist dies ohne Frage DIE Tumor-Therapie. Fragen Sie Ihren Tierarzt oder Therapeuten nach der Horvi-Enzym-Therapie oder suchen Sie sich einen Therapeuten, der mit diesen Enzymen arbeitet. Für den Fall, dass Sie nicht fündig werden, finden Sie die Adresse der Firma Horvi-EnzyMed am Ende des Buches.

> **Wichtig:** Bei allen Tumorerkrankungen können Sie mit Naturheilverfahren unterstützend behandeln. Auch wenn keine Heilung möglich sein sollte, so lässt sich doch zumindest eine Verbesserung der Lebensqualität des Tieres erreichen.

Hinweis: Achten Sie darauf, dass die Behandlung von Schulmedizin und Naturheilverfahren Hand in Hand geht – falls Sie keinen naturheilkundlich arbeitenden Tierarzt haben, sondern zusätzlich bei einem Heilpraktiker in Behandlung sind. Es ist nicht sinnvoll, wenn der Heilpraktiker nicht weiß, was der Tierarzt verabreicht hat, und umgekehrt. Um Wechselwirkungen zu vermeiden, Behandlungen nicht wirkungslos zu machen oder den Hund mit einer Therapie eher zu belasten als zu unterstützen, ist ein Informationsaustausch aller Therapeuten unumgänglich. Ich halte es in meiner Praxis gerade bei den Tumorpatienten so, dass die Besitzer eine Art Tagebuch führen, in dem alle Behandlungen und Medikamentengaben verzeichnet werden. So gibt es keinerlei Probleme, falls die behandelnden Therapeuten nicht in Kontakt stehen. Achten Sie also als Besitzer darauf, dass der Informationsaustausch zum Wohle ihres Hundes gegeben ist.

Beachten Sie bitte, dass gerade bei Krebserkrankungen die Ernährung eine große Rolle spielt. Vermeiden Sie Konservierungsmittel, Reizstoffe, Farbstoffe und alles, was den Organismus belastet. Das Futter sollte ausgewogen sein und alle wichtigen Vitamine und Mineralien in ausreichender Menge enthalten. Frischkost, auch in Form von Barfen, ist hier sicherlich ins Auge zu fassen.

Nachfolgend finden Sie einige Komplexmittel, die Sie Ihrem erkrankten Hund unterstützend verabreichen können. Diese Mittel ersetzen aber keine Therapie!

▷ Komplexmittel

Echinacea compositum als Immunstimulans.
Engystol als Immunstimulans, zur Lymphozytenstimulation.
Galium-Heel zur Zellsäuberung und Steigerung der unspezifischen Abwehr.

Lachesis compositum zur Granulozyten- und Lymphozytenstimulation.

Regu-Immun zur Steigerung der körpereigenen Abwehr.

Regutumoral bei allen entzündlichen und tumorösen Schwellungen im Haut- und Unterhautbereich, zur Abkapselung von Geschwülsten und zur Nachbehandlung bei Tumoroperationen.

Thuja-Injeel bei warzenartigen oder großknotigen Tumoren, besonders im Bereich der Haut, am Gesäuge und den Ohren.

Traumeel zur Stärkung des Immunsystems, nach Operationen, begleitend bei Tumortherapien.

Viscum album bei Mammatumoren.

Tipp: Galium-Heel mit Lymphomyosot 1x täglich für 4 bis 6 Wochen verabreichen. Zur Verbesserung der Zellen- und Lymphfunktion.

Verhaltensprobleme

Verhaltensauffälligkeiten bei Hunden ist ein heikles Thema. Handelt es sich wirklich um ein echtes Verhaltensproblem oder ist es ein Kommunikationsproblem zwischen Hund und Herrchen/Frauchen? Die Frage nach der Ursache ist gleichzeitig auch schon der Beginn der Therapie. Häufig reichen kleine Veränderungen im Umgang mit dem Tier und schon bessert sich das unerwünschte Verhalten. Ich erlebe in der Praxis viel zu häufig ängstliche Tiere, die von ihren Besitzern unbewusst in ihrer Angst bestärkt werden. Beim gut gemeinten „Trösten" des Hundes, wenn er sich ängstigt, versteht der Hund nur, dass sein Besitzer seine Angst erkennt und durch Streicheln bestätigt! Manchmal haben Hunde aber auch Dinge erlebt, die sie geprägt haben, oder sie sind rassebedingt einfach schwieriger im Umgang. Hier lohnt sich fachkundige Hilfe immer! Gelegentlich sind auch krankheitsbedingte Ursachen oder starke Schmerzen der Auslöser für Verhaltensprobleme. Umgekehrt können Erkrankungen auch durch psychische Störungen entstehen. Hautprobleme sind oft ein Anzeichen dafür, dass der Hund sich „nicht wohlfühlt in seiner Haut".

> **Wichtig:** Bitte holen Sie sich fachkundige Hilfe, wenn Ihr Hund auffälliges oder unerwünschtes Verhalten zeigt! Manches Mal genügt schon der Besuch einer Hundeschule, um Stabilität in die Hund-Mensch-Beziehung zu bekommen.

Nachfolgend finden Sie einige naturheilkundliche Therapiemöglichkeiten, die Sie bei den häufigsten Problemen unterstützend einsetzen können. All diese Mittel ersetzen aber keine artgerechte Haltung oder die richtigen Interventionen von Herrchen/Frauchen.

▷ Klassische Homöopathie

Aconitum D200 bei Platzangst.

Argentium nitricum D12 bei Angst vor allem, was unbekannt ist, bei angstbedingtem Durchfall.

Arsenicum album D30 bei Angst und geräuschempfindlichen Tieren. Tiere kommen mit Veränderungen nicht klar. Tiere können nicht alleine bleiben.

Borax D3 bei Angst vor Geräuschen wie Donner, Gewitter, Knall, Flugzeugen, Schüssen oder Silvesterfeuerwerk (hier können Sie schon 14 Tage vorher mit der Mittelgabe beginnen).

Belladonna C30 bei überschießender Reaktion aus Angst, Hund beißt plötzlich und ohne Vorwarnung, starrer Blick mit weiten Pupillen.

Calcium carbonicum D200 bei Angstbeißern, beißt ohne vorherige Warnung zu!

Chamomilla C30 bei Dominanzproblemen unter Hunden im Rudel (immer beiden Tieren geben).

Ignatia D30 für hysterische Hunde, die Verhaltensauffälligkeiten nach Umzug oder Besitzerwechsel zeigen. Die Tiere haben Heimweh, sind eifersüchtig oder haben Angst vor Berührungen, auch nach einer negativen Reaktion durch Menschen, wie Bestrafungen oder Ähnliches. Werden krank durch Kummer.

Lachesis D200 bei Unruhe und Nervosität, Bellwut, Übererregbarkeit durch Geräusche und Berührungen, Schreckhaftigkeit.

Nux vomica D30 bei überempfindlichen Hunden, die auf alle äußeren Reize, Berührungen und Geräusche reagieren. Aggressiv gegen Besucher (beim Betreten und nochmal beim Verlassen des Hauses).

Phosphorus D30, Hund kann nicht alleine sein, Angst vor Orten, an denen schlechte Erinnerungen haften (zum Beispiel Tierarzt, dann Mittel eine Stunde vor dem Termin verabreichen), Angst vor Gewitter, sehr anlehnungsbedürftig und unterwürfig, Unreinheit vor Angst oder wenn er allein zu Hause ist.

▷ **Komplexmittel**

Ignatia-Injeel bei Angstaggression, abwechselnd dominant und unterwürfig.

Phosphor-Homaccord beim ängstlichen Hund mit Angst vor dem Alleinsein, sehr schreckhaft.

Regupsychon zur Beruhigung, bei Unruhe, Übererregbarkeit, Ängstlichkeit, Nervosität, Stimmungsschwankungen und nervös-hysterischen Symptomen.

Valerianaheel zur Beruhigung bei allen psychischen Reizzuständen.

▷ **Schüßler-Salze**

Calcium carbonicum bei Angst, Heimweh, Hund beißt ohne Vorwarnung zu.

Calcium phosphoricum bei Angstzuständen, Depressionen, Unruhe und Reizbarkeit.

Kalium phosphoricum bei Reizbarkeit, Nervosität, Erschöpfung, Angstzuständen, Trauer bis hin zur Depression, schlaflos durch Unruhe, Schreckhaftigkeit.

Magnesium phosphoricum bei Ruhelosigkeit und Erschöpfung, Nervosität, Ängstlichkeit.

Natrium chloratum bei Nervosität, Ruhelosigkeit, Reizbarkeit, Erschöpfung durch die ständige innere Unruhe, Schlafstörungen, Trauer und Angst bis zur Depression.

Natrium phosphoricum für überempfindliche Hunde mit großer Nervosität und Ruhelosigkeit, ausgeprägte Reizbarkeit.

Natrium sulfuricum bei unruhigem Schlaf, ständigen Alpträumen.

Silicea bei Angstreaktionen auf alle Veränderungen, sehr schreckhaft, nervös, ruhelos und gereizt.

▷ Bachblüten

Alle Bachblüten wirken in verschiedenster Weise regulierend auf die Psyche. Auf der Seite 22 finden Sie alle Bachblüten mit einer Kurzvorstellung, dort können Sie die für Ihren Hund passenden Bachblüten finden. Bei ausgeprägten Verhaltensauffälligkeiten lassen Sie bitte vom Therapeuten die passende Mischung zusammenstellen – am besten in Absprache mit einem Verhaltenstherapeuten.

▷ Pflanzenheilkunde

Hopfenzapfen bei nervösen Hunden.

Johanniskraut bei Angst und Nervosität.

Lavendelblüten bei Angst und Unruhe, nervenstärkend.

Melisse bei Angst und Unruhe, stärkt die Nerven.

Passionsblume bei Angst.

Weißdornblüten bei Angst.

> **Tipp:** Nahrungsergänzungsmittel, die die oben genannten Kräuter enthalten und noch angereichert sind mit Vitaminen und Mineralstoffen, die für die Nerven und Stoffwechselvorgänge wichtig sind, sind sinnvoll und sollten bei ängstlichen und nervösen Hunden mit auf dem Speiseplan stehen. Generell wirken sich alle Mangelzustände, insbesondere bei den B-Vitaminen und Kalzium, deutlich auf die Psyche des Hundes aus.

Empfehlenswerte Nahrungsergänzungsmittel sind u. a.:

X-Stress von Anibio oder **Calma** von cdVet bei Angstzuständen, Nervosität, in belastenden Situationen wie Transport, Gewitter, Tierarztbesuch, usw.

Relax Plus von VetConcept bei Nervosität, Angst, Schreckhaftigkeit, Reisekrankheit, Gereiztheit und Unsauberkeit (idealerweise als Kur über mindestens 3 Wochen verabreichen).

▷ Wickel und Umschläge

Umschläge und Wickel sind bei Verhaltensproblemen eher nutzlos. Aber eine **Massage** oder eine **Wärmeanwendung** zur Entspannung hat gerade bei nervösen und unruhigen Hunden immer eine positive Wirkung. Dazu muss die Massage nicht professionell durchgeführt werden. Es geht dabei mehr um die beruhigende Wirkung von Berührungen und den Aufbau von Vertrauen.

▷ Magnetfeldtherapie

2x täglich auf die Ganzkörpermatte zur Entspannung und Beruhigung. Positiver Einfluss auf das Nervensystem.

Erste Hilfe im Notfall

Um im Notfall schnell Erste Hilfe leisten zu können, finden Sie hier die häufigsten Notfälle aufgelistet. Bitte beachten Sie aber, dass es sich hierbei um die Erste Hilfe im wahrsten Sinne des Wortes handelt. Es ersetzt nicht das Hinzuziehen eines Tierarztes vor allem bei großen Verletzungen, Bewusstlosigkeit, starken Blutungen, Knochenbrüchen, starken Schmerzen usw.

Bissverletzungen

Bei tiefen Bisswunden oder wenn sich die Blutung nicht stoppen lässt, muss der Hund unbedingt tierärztlich versorgt werden!

▷ Klassische Homöopathie

Calendula D2 bei tiefen Bisswunden.
Lachesis D8 bei Bisswunden mit viel Schmutz oder Bissverletzungen von giftigen Tieren.
Ledum D4 bei Bisswunden aller Art.

▷ Komplexmittel

Calendula Salbe
Traumeel bei Verletzungen, Entzündungen und ihre Folgen.
Echinacea compositum als Immunstimulans, damit sich die Verletzung nicht entzündet.
Traumisal zur Wundheilung.

▷ Schüßler-Salze

Ferrum phosphoricum Salbe bei frischen Wunden.
Silicea Salbe bei Wunden mit schlechter Heilungstendenz.

▷ Bachblüten

Crab Apple bei Bissverletzungen.
Rescue Remedy-Notfallmischung zur Beruhigung und Verhinderung eines Traumas.

▷ Pflanzenheilkunde

Geben Sie zur Wundreinigung 20 Tropfen **Calendula-Tinktur** in einen halben Liter Wasser. Wirkt desinfizierend und heilend!

▷ Wickel und Umschläge

Die hier aufgeführten Kräuter am besten frisch anwenden. Getrocknete Kräuter für 5 bis 7 Minuten in heißem Wasser ziehen lassen und abseien. Den Kräuterbrei als Umschlag anwenden. Funktioniert natürlich auch mit Tee. Als Folgebehandlung gedacht!

Arnica zur Unterstützung der Heilung.

Kamille zur Unterstützung der Heilung.

Ringelblume zur Unterstützung der Heilung.

Spitzwegerich zur Unterstützung der Heilung.

▷ Brandwunden

Halten Sie bei Verbrennungen zuerst die betroffene Stelle unter fließendes kaltes Wasser, bis der Schmerz nachlässt, also der Hund ruhiger wird. Auch in der Folge sorgen Sie bitte dafür, dass das betroffene Areal gekühlt wird.

▷ Klassische Homöopathie

Apis D4 bei Verbrennungen mit Blasenbildung.

Aristolochia D4 bei Verbrennungen allgemein.

Cantharis D6 bei starken Verbrennungen mit oder ohne Blasen.

Causticum D6 bei Verbrennungen mit ausgeprägter Blasenbildung, schlecht heilenden Brandwunden.

Hypericum D6 bei Verbrennungen an gut durchbluteten und damit schmerzempfindlichen Stellen wie Pfoten, Rutenspitze, Ohren.

Urtica urens D4 bei Verbrühungen.

▷ Komplexmittel

Causticum compositum bei Verbrennungen allgemein.

Traumeel bei Verletzungen und ihren Folgen, um die Entzündung zu vermeiden.

Cantharis compositum bei Blasenbildung der Haut.

Calendula Salbe zur Heilung bei Verbrennungen.

Hypericum-Injeel bei Verbrennungen an empfindlichen Stellen wie Pfoten, Rutenspitze oder Ohren.

▷ **Schüßler-Salze**

Ferrum phosphoricum zur Heilung bei Verbrennungen.
Natrium chloratum bei Verbrennungen mit Blasenbildung.
Silicea bei eitrigen Brandwunden.

▷ **Bachblüten**

Crab Apple bei Verbrennungen allgemein.
Rescue Remedy-Notfallmischung alle 15 Minuten geben, damit der Hund kein Trauma erleidet.

▷ **Pflanzenheilkunde**

Bei nicht offenen Brandwunden verdünnen Sie **Obstessig** 1:1 mit Wasser und machen einen Umschlag damit. Wirkt schmerzlindernd und kühlt. Nach Abklingen der akuten Verbrennung sorgt die **Brennnessel-Tinktur**, 1:5 mit Wasser verdünnt, für eine bessere und schnellere Vernarbung.

▷ **Wickel und Umschläge**

Kühlende Umschläge. Bei nicht offenen Brandwunden mit **Obstessig**, 1:1 mit Wasser verdünnt, zur Schmerzlinderung und Kühlung.

▷ **Magnetfeldtherapie**

Zur Nachbehandlung mehrmals täglich die verletzte Stelle mit dem Stab behandeln. Sorgt für eine schnellere Abheilung und bessere Vernarbung.

Insektenstiche

Meist wird ein Hund unterwegs beim Gassigehen gestochen. Weit weg von zu Hause, der Hund winselt und jault jämmerlich, humpelt vielleicht schon, weil das Insekt in die Pfote oder das Bein gestochen hat. Keine Panik, das Erste-Hilfe-Medikament ist sicherlich nicht weit: Pflücken Sie **Spitzwege-richblätter**, quetschen diese und legen sie sofort auf den Stich. Der Schmerz wird schnell gelindert und eine Schwellung verhindert. Alle Stiche im Maul- oder Rachenbereich müssen aber schnellstmöglich mit einem rasch wirken-den Mittel behandelt werden, um ein Anschwellen der Luftröhre zu vermei-den. Reagiert der Hund allergisch, gehen Sie bitte umgehend zum nächstgelegenen Tierarzt!

▷ Klassische Homöopathie

Apis D4 bei Insektenstichen mit starker Schwellung alle 5 Minuten verabreichen, bis die Schwellung nachlässt. Danach 3x täglich, bis die Schwellung verschwunden ist.

Staphisagria D6 bei Insektenstichen mit nur leichter Schwellung, die aber sehr schmerzhaft sind oder jucken.

▷ Komplexmittel

Apis-Homaccord bei Insektenstichen mit starker Schwellung.
Traumeel, wenn sich Ödeme bilden.

▷ Schüßler-Salze

Natrium chloratum oder **Natrium phosphoricum** als Salbe.

▷ Bachblüten

Rescue Remedy-Notfallmischung. Sind Tropfen zur Hand, geben Sie diese direkt auf den Stich. Nimmt innerhalb kürzester Zeit den Juckreiz.

▷ Pflanzenheilkunde

Äußerlich **Lavendelöl**.
Äußerlich auch **Knoblauch** oder **Zwiebel**. Dazu schneiden Sie die Knoblauchzehe/die Zwiebel auf und reiben die betroffene Stelle damit ein.

▷ Wickel und Umschläge

Kalter Wickel/Umschlag mit **Kochsalzlösung**. Dazu lösen Sie 5 Teelöffel Kochsalz in 1 Liter kaltem Wasser auf und machen einen Umschlag damit. Sobald der Umschlag trocken ist, bitte erneuern. Nimmt den Juckreiz und wirkt abschwellend.

Kreislaufkollaps

Ein Kreislaufkollaps durch Stress, Unfall, hohen Blutverlust, Schock oder einfach nur altersbedingt, ist gar nicht so selten. Die Hunde sind apathisch, können oder wollen sich nicht bewegen und reagieren oft mit Knurren auf Berührung. Manchmal erscheinen Hunde richtig orientierungslos, erkennen ihre Besitzer nicht.

▷ Klassische Homöopathie

Lachesis D6 bei Kreislaufkollaps.
Podophyllum D6 bei Kollaps und Schock durch Austrocknung (Hund, der im Sommer in ein Auto eingesperrt ist).
Veratrum album D6 bei Schock und Kollaps.

▷ Komplexmittel

Cactus compositum bei Herz-Kreislauf-Schwäche.
Carbo compositum bei Kollaps mit kalten Beinen und Blaufärbung der Haut und Schleimhäute.
Veratrum-Homaccord bei Kollaps.

▷ Schüßler-Salze

Calcium phosphoricum bei Kreislaufkollaps.

▷ Bachblüten

Rescue Remedy-Notfallmischung bei Schock, Ohnmacht und Kreislaufkollaps.
Rock Rose, um einen Schock zu vermeiden, bei Panik, allergischem Schock (zum Beispiel nach Insektenstich).

Sonnenstich

Viele Hunde lieben ihr Sonnenbad und können gar nicht genug davon bekommen, in der Sonne ihr Nickerchen zu halten. Leider kann dies dieselben Konsequenzen wie beim Menschen haben. Bei Verdacht auf Sonnenstich oder Hitzschlag bringen Sie bitte den Hund sofort an einen kühlen Ort und kühlen ihn mit nassen Tüchern. Bitte nicht mit kaltem Wasser übergießen oder kaltes Wasser einflößen. Geben Sie ihm lauwarmes Wasser in Maßen zu trinken. Ein Sonnenstich kann bis zum Herz-Kreislauf-Kollaps führen.
Die Symptome eines Sonnenstichs sind plötzliches Schwanken oder Umkippen des Hundes, beschleunigter Puls, erhöhte Temperatur und helle Schleimhäute. Sollte sich der Zustand des Tieres nicht innerhalb kürzester Zeit stabilisieren, ziehen Sie bitte einen Tierarzt oder Therapeuten hinzu.

▷ Klassische Homöopathie

Apis D12 und **Aconitum D4**, einmalige Gabe als Erstmittel.
Glonoinum D6 bei Sonnenstich mit starkem Herzklopfen.

▷ Komplexmittel

Belladonna-Homaccord als Akutmittel bei schwachem Puls und bei apathischen Tieren mit schwerer Atmung.
Apis-Homaccord, wenn Kühle sofort bessert, aber ausgeprägter Schwindel vorhanden ist.
Cactus compositum zur Herz-Kreislauf-Unterstützung.
Glonoin-Homaccord bei starkem Herzklopfen.

▷ Schüßler-Salze

Ferrum phosphoricum bei sichtbarem Herzklopfen, Sonnenstich mit Fieber.
Natrium chloratum bei Sonnenstich mit Schüttelfrost, schnellem und schwachem Puls.

▷ Bachblüten

Rescue Remedy-Notfallmischung.
Rock Rose bei Hitzschlag und Sonnenstich.
Eine Mischung aus **Hornbeam**, **Olive** und **Wild Rose** hat sich bei Sonnenstich gut bewährt.

▷ Wickel und Umschläge

Kühlende Umschläge auf Kopf und Gliedmaßen. Diese wechseln, sobald sie nicht mehr kalt sind.

Vergiftungen

Eine Vergiftung kann immer ein lebensgefährlicher Notfall werden und der Hund sollte in jedem Fall schnellstmöglich einem Therapeuten oder Tierarzt vorgestellt werden, der dann entscheiden kann, ob eine Infusionstherapie oder Ähnliches nötig ist. Nehmen Sie unbedingt eine Probe dessen mit, was die Vergiftungszeichen ausgelöst haben könnte. Als Symptome zeigen sich starker Speichelfluss, Schäumen aus dem Maul, Zittern, Erbrechen mit oder ohne Blut, starrer Blick bis hin zum Kollaps.

Nachfolgend finden Sie ein paar Mittel, die Sie im Akutfall verabreichen können.

▷ Klassische Homöopathie

Arsenicum album D30 bei Vergiftung durch verdorbenes Fleisch oder Fisch – danach Okoubaka.
Lachesis D12 alle 3 Stunden, bei Vergiftung durch Rattengift.
Nux vomica D6 bis D30, einmalig bei Vergiftungen allgemein – danach **Okoubaka D4** alle 5 Minuten während der ersten 30 Minuten, danach mehrmals täglich. Bei Vergiftungen durch Insektizide, Pestizide oder verdorbenem Futter.
Thuja D30 alle 48 Stunden bei Vergiftungsanzeichen nach Impfungen – zusätzlich **Beryllium D12** 2x täglich.

▷ Komplexmittel

Arsenicum album-Injeel, bei Vergiftung in Folge von verdorbenem Futter.
Lachesis-Injeel, bei Vergiftungen durch Rattengift.
Nux vomica Homaccord bei Magen-Darm-Funktionsstörung, zur Unterstützung der Entgiftung.

Verletzungen des Bewegungsapparates

Ihr Hund ist gestürzt, gestolpert oder hat sich beim Spielen irgendwie verrenkt. Das Tier lahmt! Bei großer Schmerzhaftigkeit oder wenn Sie Verdacht auf eine Fraktur, Sehnenriss oder eine ähnlich schwere Verletzung haben, dann gehen Sie bitte sofort zum Tierarzt!

▷ Klassische Homöopathie

Anacardium D8 ist das wichtige Mittel bei allen Sehnenverletzungen, auch als Therapie bei Bänderriss.
Arnica D4 bei Verstauchungen, Schwellungen nach Schlag, Stoß oder Sturz.
Rhus toxicodendron bei Verstauchung, Bänderdehnung, Muskel- und Bänderriss. Bei einer Verrenkung mit Einrenkung durch den Tierarzt, hilft eine sofortige Gabe und dann alle 5 Minuten nach dem Einrenken, bis der Schmerz nachlässt.
Symphytum D12 generell bei allen Verletzungen von Bandapparat, Gelenken und Knochen.

▷ Komplexmittel

Bryonia-Injeel bei Sehnen- und Bänderverletzungen, wenn Bewegung die Symptome verschlimmert.
Distorsal bei allen akuten Verletzungen, Verbesserung durch Bewegung.
Rhus Tox-Injeel bei Verletzungen, bei denen der Hund sich „einläuft".
Symphytum-Injeel bei Verletzungen von Knochen, Bändern und Gelenken.
Traumeel akut alle 15 Minuten verabreichen, danach bis zur Ausheilung geben.
Traumisal bei allen akuten Verletzungen.

▷ Schüßler-Salze

Calcium phosphoricum bei Zerrungen.
Ferrum phosphoricum bei Zerrungen, Verstauchungen, Verrenkungen.
Kalium phosphoricum bei Verrenkungen, Zerrungen.
Natrium chloratum bei Prellungen, Zerrungen, Verrenkungen, mit Schwellung.
Silicea bei Zerrungen und Verrenkungen.

▷ Bachblüten

Rescue Remedy-Notfallmischung bei allen Verletzungen, auch mit starken Schmerzen.
Wild Oat bei Zerrungen.

▷ Pflanzenheilkunde

Äußerlich **Arnika, Calendula, Johanniskrautöl**.

▷ Wickel und Umschläge

Johanniskraut-Auflage zur Schmerzlinderung.
Arnica-Umschlag verhindert das Anschwellen.

▷ Magnetfeldtherapie

Bei größeren Arealen mehrmals täglich lange Behandlungen mit dem Kissen. Bei kleineren Arealen, Zehengelenken und Ähnlichem, mehrmals täglich lange Behandlungen mit dem Stab.

Wunden

Bitte beachten Sie bei Wunden, die eventuell genäht oder geklammert werden müssen, dass Sie diese weder reinigen noch behandeln. Decken Sie die Wunde gut ab, bis der Tierarzt sich darum kümmert.

▷ Klassische Homöopathie

Apis D4 bei Biss- und Stichwunden mit starker Schwellung.
Arnica D4 bei frischen Wunden mit hellrotem Blut, zur Wundheilung.
Bellis perennis D2 bei tiefen Wunden mit Gewebeverlust.
Calendula D2 bei verschmutzten, rissigen und auch älteren Wunden, bei Schürfwunden.
Hamamelis D4 bei Wunden mit dunkelroter Blutung, Bildung eines Blutergusses.
Hepar sulfuris D8 bei schmerzenden und eitrigen Wunden.
Hypericum D6, wenn Nerven mit verletzt wurden, sehr schmerzhafte Wunden, bei schmerzhaftem Zeckenbiss.
Ledum D4 bei Stichverletzungen durch Nägel, Nadeln, Dornen usw.
Staphisagria bei Schnittwunden, auch nach Operationen, ohne Entzündung, aber schmerzhaft und mit Juckreiz.

▷ Komplexmittel

Calendula-Injeel innerlich und äußerlich, bei Risswunden, verschmutzten Wunden oder Wundheilungsstörungen.
Ledum-Injeel bei Stichverletzungen.
Traumeel, innerlich im Akutfall in kurzen Abständen, danach normale Gabe zur Heilungsunterstützung. Äußerlich: Ampullen zur Wundspülung oder Salbe zur Wundheilung.
Traumisal bei Verletzungen aller Art.

▷ Schüßler-Salze

Ferrum phosphoricum bei frischen Wunden.

▷ Bachblüten

Crab Apple bei schmutzigen, verunreinigten Wunden.
Rescue Remedy-Notfallmischung bei allen Wunden und Verletzungen.

▷ Pflanzenheilkunde

Calendula-Tinktur zur Reinigung von stark verschmutzten Wunden
(20 Tropfen auf einen halben Liter Wasser).
Johanniskrautöl bei allen schmerzhaften Wunden.
Kamillentee zur Wundreinigung.

▷ Wickel und Umschläge

Umschläge mit **Arnika**, **Gänseblümchen**, **Johanniskraut**, **Kamille**, **Ringel-blume**, **Schafgarbe** oder **Spitzwegerich**. Im Idealfall mit frischen Kräutern anwenden.

▷ Magnetfeldtherapie

Mehrmals täglich Anwendungen mit dem Stab zur Abschwellung, Schmerz-linderung, wundheilungsfördernd. Hilft im Akutfall bei der Blutstillung.

Homöopathische Hausapotheke

Besorgen Sie sich im Idealfall Globuli, sie sind am einfachsten zu geben, weil der Hund sie quasi nicht mehr ausspucken kann. Aber natürlich können Sie auch Tabletten geben, falls Sie keine Globuli haben. Tropfen sollten Sie wegen des Alkoholgehalts möglichst nicht verabreichen, und schon gar nicht im Notfall. Ampullen können Sie aber auch oral eingeben. Wenn nicht anders erwähnt, geben Sie das homöopathische Mittel 3x täglich.

> **Wichtig:** Sollten diese Mittel nicht innerhalb von 24 Stunden eine deutliche Besserung bewirken (Ausnahme bei Hauterkrankungen, hier dauert es natürlich länger), so wenden Sie sich bitte an einen Tierheilpraktiker oder einen Tierarzt! Bei lebensbedrohlichen Erkrankungen und deutlichen Schmerzen gehen Sie immer sofort zum Tierarzt!

Apis D6	Nach einem Wespen- oder Insektenstich mit starker Schwellung stündlich 5 Globuli. Bei Hunden, die auf Insektenstiche prinzipiell heftig reagieren, empfiehlt sich während der Sommermonate eine vorbeugende Gabe in D30 einmal pro Woche.
Arnica D6	Bei allen Verletzungen und bei Gehirnerschütterung anfangs alle 1 bis 5 Minuten, dann 3x täglich.
Arsenicum album D6	Bei Erbrechen, vor allem, wenn sogar Wasser sofort wieder erbrochen wird. Der Hund ist schwach, zittrig und ängstlich.
Belladonna D6	Immer bei Entzündungen mit den klassischen Entzündungszeichen: alles ist feuerrot, heiß, geschwollen und schmerzempfindlich.
Cantharis D6	Bei Blasenentzündungen.

Dulcamara D6	Wenn die Erkrankung auf Durchnässung zurückzuführen ist (z. B. Schwimmen oder langer Regenspaziergang). Es kann sich um Husten, Schnupfen, Durchfall, Blasenentzündung usw. handeln.
Drosera D6	Bei trockenem Husten.
Ferrum phosphoricum D6	In der Initialphase eines Infekts, d.h. Sie wissen vielleicht noch nicht, was dem Hund fehlt, aber er hat Fieber und ist nicht fit, frisst nicht.
Ipecacuanha D6	Bei schleimigem Husten, der Hund versucht, etwas hochzuwürgen, auch bei Erbrechen mit viel Würgen.
Nux vomica D6	Bei allen Magen-Darm-Problemen (Erbrechen, Durchfall, Verstopfung etc.).
Okoubaka D6	Wenn der Hund verdorbenes Futter, Kot oder sonstige Dinge gefressen hat, die ihm nicht bekommen. Bei Erbrechen, wenn die Ursache darin liegt, dass der Hund etwas gefressen hat, was er nicht verträgt.
Phosphor D6	Erbrechen, Nahrung und Wasser wird erst erbrochen, wenn es bereits im Magen warm geworden ist.
Podophyllum D4	Bei Durchfall, der wegspritzt wie Wasser oder in großen Mengen kommt.
Pulsatilla D6	Bei schleimigem Durchfall.
Pulsatilla D30	Bei Scheinträchtigkeit, eine Woche lang täglich eine Gabe.

Silicea D6	Als Hautmittel, wenn alles trocken und schuppig ist; bei Haarbruch. Gut einzusetzen, wenn die Hündin nach einem Wurf ein schlechtes Haarkleid hat.
Solidago D6	Bei Nierenproblemen und zur Entgiftung (z. B. nach Gabe von Schmerzmitteln, Antibiotika oder Cortison).
Sulfur D6	Bei allen Hauterkrankungen im Anfangsstadium (Ausschlag, kleine Abszesse, Ekzeme).
Veratrum album D6	Bei häufigem, wässrigem Durchfall.
Bachblüten Notfalltropfen oder -globuli	Als Sofortmaßnahme bei Schock, Unfall.

Abgesehen von den homöopathischen Mitteln gehören noch folgende Dinge in eine gut sortierte Hausapotheke:

- Betaisodona für die Versorgung kleinerer Verletzungen
- Traumeel Salbe für die Versorgung von Prellungen, Blutergüssen oder Zerrungen
- Traumeel Tabletten bei allen Verletzungen zur Unterstützung der Heilung
- Zeckenzange oder Zeckenhaken
- Pfotenschutzsalbe
- Ohrenreiniger
- Verbandsmaterial

Service

▷ Zum Weiterlesen

Consilium Cedip Veterinaricum: Naturheilweisen am Tier, Lehmanns, 2008
Daubenmerkl, W.: Tierkrankheiten und ihre Behandlung, Wissenschaftliche Verlagsgesellschaft, 2004
Gräff, C., Meermann, S.: Osteopathie bei Hunden. Ulmer, 2009
Haag, G., Naturheilpraxis für Hunde. Kynos, 2011
Kübler, H.: Bach-Blüten-Therapie in der Tiermedizin. Sonntag, 2006
Millemann, J. (Hrsg.): Materia medica der homöopathischen Veterinärmedizin. Sonntag, 2005, 2007
Misol, V., Franz, G.: Homöopathie für Hunde. Ulmer, 2008
Münchberg, A.: Kräuterbuch für Hunde. Cadmos, 2005
Quast, C.: Symptomenverzeichnis zur Schüßler-Salz-Therapie für Tiere. Naturamed, 2009
Quinten, D.: Kranker Hund – was tun? Ulmer, 2011
Specht, S.: Meridiantafeln für die Akupressur beim Hund. Ulmer, 2010
Thuile, C. Dr.: Praxis der Magnetfeldtherapie. Eigenverlag Dr. Christian Thuile, 2000

▷ Bezugsquellen

▷ Homöopathische Mittel, Komplexmittel

Biologische Heilmittel Heel GmbH
www.heel.de

Deutsche Homöopathie Union Karlsruhe
www.dhu.de

▷ Bachblüten für Tiere, Schüßler-Salze für Tiere

Canina
www.canina.de

▷ Nahrungsergänzungsmittel

Vet-Concept
www.vet-concept.de

cdVet Naturprodukte GmbH
www.cdvet.eu

Specht Bio-Pharma/Anibio
www.anibio.de

▷ Magnetfeldsysteme

Santerra Handels GmbH
www.santerra.net

▷ Horvi-Enzym-Präparate

Horvi-EnzyMed Holland B.V.
www.horvi-enzymed.com

Hinweis: Der Verlag Eugen Ulmer ist nicht verantwortlich für die Inhalte der im Buch genannten Websites.

▷ Nachgeschlagen

Über die Autorin

Christine Steinke-Beck führt seit 2005 eine eigene Naturheilpraxis für Tiere und ist als Dozentin für Tierhalter, Tierheilpraktiker und angehende Tierheilpraktiker tätig.

In diesem Buch sind die Namen von Medikamenten, die zugleich eingetragene Warenzeichen sind, als solche nicht besonders kenntlich gemacht. Es kann also aus der Bezeichnung der Ware mit dem für diese eingetragenen Warenzeichen nicht geschlossen werden, dass die Bezeichnung ein freier Warenname ist.

Die Markennamen wurden nur beispielhaft aufgeführt. Hinsichtlich der in diesem Buch angegebenen Dosierungen von Medikamenten usw. wurde die größtmögliche Sorgfalt beachtet. Gleichwohl werden die Leser aufgefordert, die entsprechenden Beipackzettel der Hersteller zur Kontrolle heranzuziehen.

Die beispielhafte Auflistung von Medikamenten bzw. Wirkstoffen ist kein Beweis dafür, dass diese in Deutschland zugelassen sind. Der behandelnde Tierarzt ist aufgefordert, die jeweilige (Zulassungs-)Situation zu überprüfen.

Die in diesem Buch enthaltenen Empfehlungen und Angaben sind von der Autorin mit größter Sorgfalt zusammengestellt und geprüft worden. Eine Garantie für die Richtigkeit der Angaben kann aber nicht gegeben werden. Autorin und Verlag übernahmen keinerlei Haftung für Schäden und Unfälle. Bitte setzen Sie bei der Anwendung der in diesem Buch enthaltenen Empfehlungen Ihr persönliches Urteilsvermögen ein.

Bibliografische Information der Deutschen Nationalbibliothek

Die Deutsche Nationalbibliothek verzeichnet diese Publikation in der Deutschen Nationalbibliografie; detaillierte bibliografische Daten sind im Internet über http://dnb.d-nb.de abrufbar.

© 2012 Eugen Ulmer KG
Wollgrasweg 41, 70599 Stuttgart (Hohenheim)
E-Mail: info@ulmer.de
Internet: www.ulmer.de

Titelfoto: Heike Schmidt-Röger
Lektorat: Antje Springorum
Herstellung: Ulla Stammel
Umschlagentwurf: Freiraum K, Karen Neumeister, Stuttgart
Satz: DOPPELPUNKT, Stuttgart
Druck und Bindung: Freiburger Graphische Betriebe, Freiburg
Printed in Germany

ISBN 978-3-8001-5757-0

Mit Salzen heilen

- Alle 12 Funktions-
  salze mit allen
  Ergänzungssalzen
  in einem Buch

- Das passende Salz
  finden, richtig
  dosieren und an-
  wenden

- Mit Praxistipps
  von der Expertin

Klare Indikationen und eine einfache Verabreichung machen die Schüßler-Salz-Therapie auch für unsere vierbeinigen Gefährten zu einer echten Alternative: Ob Blähungen den Hund plagen, er sich eine Muskelzerrung zugezogen hat oder ein schuppender Hautausschlag für Unwohlsein sorgt – Schüßler-Salze können den Heilungsprozess unterstützen und beschleunigen.

Schüßler-Salze für Hunde.
Angela Knocks-Münchberg. 2012. 78 S., kart. ISBN 978-3-8001-7579-6.

Ganz nah dran.